二十四史

卷三

[西汉]司马迁 著
李楠 编译

谯国夫人列传第四十五

谯国夫人者，高凉洗氏之女也。世为南越首领，跨据山洞，部落十余万家。夫人幼贤明，多筹略，在父母家，抚循部众，能行军用师，压服诸越。每劝亲族为善，由是信义结于本乡。越人之俗，好相攻击，夫人兄南梁州刺史挺，恃其富强，侵掠傍郡，岭表苦之。夫人多所规谏，由是怨隙止息，海南、儋耳归附者千余洞。梁大同初，罗州刺史冯融闻夫人有志行，为其子高凉太守宝娉以为妻。融本北燕苗裔。初，冯弘之投高丽也，遣融大父业以三百人浮海归宋，因留于新会。自业及融，三世为守牧，他乡羁旅，号令不行。至是，夫人诫约本宗，使从民礼。每共宝参决辞讼，首领有犯法者，虽是亲族，无所舍纵。自此政令有序，人莫敢违。

遇侯景反，广州都督萧勃征兵援台。高州刺史李迁仕据大皋口，遣召宝。宝欲往，夫人止之曰：『刺史无故不合召太守，必欲诈君共为反耳。』宝曰：『何以知之？』夫人曰：『刺史被召援台，乃称有疾，铸兵聚众，而后唤君。今者若往，必留质，追君兵众。此意可见，愿且无行，以观其势。』数日，迁仕果反，遣主帅杜平虏率兵入赣石。宝知之，遽告，夫人曰：『平虏，骁将也，领兵入赣石，即与官兵相拒，势未得还。迁仕在州，无能为也。若君自往，必有战斗。宜遣使诈之，卑辞厚礼，云身未敢出，欲遣妇往参。彼闻之喜，必无防虑。于是我将千余人，步担杂物，唱言输赕，得至栅下，贼必可图。』宝从之，迁仕果大喜，觇夫人众皆担物，不设备。夫人击之，大捷。迁仕遂走，保于宁都。夫人总兵与长城侯陈霸先会于赣石。还谓宝曰：『陈都督大可畏，极得众心。我观此人必能平贼，君宜厚资之。』

及宝卒，岭表大乱，夫人怀集百越，数州晏然。至陈永定二年，其子仆年九岁，遣帅诸首领朝于丹阳，起家拜阳春郡守。后广州刺史欧阳纥谋反，召仆至高安，诱与为乱。仆遣使归告夫人，夫人曰：『我为忠贞，经今两代，不能惜汝辄负国家。』遂发兵拒境，帅百越酋长迎章昭达。内外逼之，纥徒溃散。仆以夫人之功，封信都侯，加平越中郎将，转石龙太守。诏使持节册夫人为中郎将、石龙太夫人，赍绣幰油络驷马安车一乘，给鼓吹一部，并麾幢旌节，其卤簿一如刺史之仪。至德中，仆卒。后遇陈国亡，岭南未有所附，数郡共奉夫人，号为圣母，保境安民。

高祖遣总管韦洸安抚岭外，陈将徐璒以南康拒守。洸至岭下，逡巡不敢进。初，夫人以扶南犀杖献于陈主，至此，晋王广遣陈主遗夫人书，谕以国亡，令其归化，并以犀杖及兵符为信。夫人见杖，验知陈亡，集首领数千，尽日恸哭。遣其孙魂帅众迎洸，入至广州，岭南悉定。表魂为仪同三司，册夫人为宋康郡夫人。

未几，番禺人王仲宣反，首领皆应之，围洸于州城，进兵屯衡岭。夫人遣孙暄帅师救洸。暄与逆党陈佛智素相友善，故迟留不进。夫人知之，大怒，遣使执暄，系于州狱。又遣孙盎出讨佛智，战克，斩之。进兵至南海，与鹿愿军会，共败仲宣。夫人亲被甲，乘介马，张锦伞，领彀骑，卫诏使裴矩巡抚诸州，其苍梧首领陈坦、冈州冯岑翁、梁化邓马头、藤州李光略、罗州庞靖等皆来参谒。还令统其部落，岭表遂定。高祖异之，拜盎为高州刺史，仍赦出暄，拜罗州刺史。追赠宝为广州总管、谯国公，册夫人为谯国夫人。以宋康邑回授仆妾冼氏。仍开谯国夫人幕府，置长史以下官属，给印章，听发部落六州兵马，若有机急，便宜行事。降敕书曰：『朕抚育苍生，情均父母，欲使率土清净，兆庶安乐。而王仲宣等辄相聚结，扰乱彼民，所以遣往诛翦，为百姓除害。夫人情在奉国，深识正理，遂令孙盎斩获佛智，竟破群贼，甚有大功。今赐夫人物五千段。暄不进愆，诚合罪责，以夫人立此诚效，故特原免。夫人宜训导子孙，敦崇礼教，遵奉朝化，以副朕心。』皇后以首饰及宴服一袭赐之，夫人并盛于金箧，并梁、陈赐物各藏于一库。每岁时大会，皆陈于庭，以示子孙，曰：『汝等宜尽赤心向天子。我事三代主，唯用一好心。今赐物具存，此忠孝之报也，愿汝皆思念之。』

时番州总管赵讷贪虐，诸俚獠多有亡叛。夫人遣长史张融上封事，论安抚之宜，并言讷罪状，不可以招怀远人。上遣推讷，得其赃贿，竟致于法。降敕委夫人招慰亡叛。夫人亲载诏书，自称使者，历十余州，宣述上意，谕诸俚獠，所至皆降。高祖嘉之，赐夫人临振县汤沐邑，一千五百户。赠仆为崖州总管、平原郡公。仁寿初，卒，赙物一千段，谥为诚敬夫人。

【译文】

谯国夫人，是高凉洗氏的女儿，世代为南越人首领，跨据山洞，拥有部落十多万家。夫人自幼贤明，多谋略。她在父母家时，就能安抚部众，并能行军用兵，压服各南越部落。她常劝自己的亲族行善，因此在本乡取得了信义。越人风俗，喜欢互相攻击。夫人的哥哥南凉州刺史洗挺，依仗自己的富强，侵害和掠夺周围的郡民，岭南人都深受其苦。夫人对他多次规谏，因此止息了人们的仇怨情绪，并使海南、儋耳一带一千多洞前来归附她。梁朝大同初年，罗州刺史冯融听说夫人很有志向和德行，便为他的儿子高凉太守冯宝聘她为妻。冯融本是北燕的后代。当初，冯弘投奔高丽的时候，打发冯融的祖父冯业带着三百人从海路归附于宋，因此留居在新会。从冯业到冯融，三代都做州郡之长，但因为是异乡人寄居在此，所以号令常常行不通。到这时，（冯宝娶了夫人之后），夫人告诫并约束本宗族的人，使他们服从州郡所制定的民礼。夫人常参与冯宝审理案件，部落首领有犯法的，即使是自己的亲族，也不饶恕或宽纵。从此以后政令井然有序，没有人敢违反了。

遇梁朝侯景造反，广州都督萧勃征兵支援朝廷。高州刺史李迁仕占据大皋口，并派人召冯宝。冯宝想去，夫人劝止他说：『刺史无故不应当召太守，他一定是想诈召你去同他一道谋反。』冯宝说：『你怎么知道的？』夫人说：『李刺史被召支援朝廷，他竟称病不往，却又铸造武器，聚结兵众，而后又唤你去。今天你如果去了，一定会被扣留为人质，再追调你的军队。他的这个意思是很清楚的，希望你姑且不要去，以静观形势的变化。』过了几天，李迁仕果然造起反来，派遣他的主帅杜平虏率兵进入赣石。冯宝知道这情况后，迅速告诉夫人。夫人说：『杜平虏是一员勇将，领兵进入赣石，就将与官兵相对抗，这形势必然牵制住他使他不能回师高州。而李迁仕在高州，不可能有什么作为。你如果亲自前往高州，一定会发生战斗。应该先派使者到李迁仕那里，卑辞厚礼，诈称自己不敢离州而出，想派妇人前往参加行动。李迁仕听了这话一定会高兴，而对我不加防备。于是我率领一千多人，担着各种物品步行，宣称是为州里输送财物，这样到达李迁仕的军栅前，反贼就一定可以被擒拿了。』冯宝听从夫人的计谋，李迁仕果然大喜，看见夫人和众人都担着东西，于是不设防备。夫人发起攻击，获得大胜利。李迁仕于是逃走，到宁都以求自保。夫人统率军队与长城侯陈霸先在赣石会师。回来后夫人对冯宝说：『陈都督这个人大可敬畏，他极得众人之心，我看此人一定能平灭反贼，你应该好好赞助他。』

等到冯宝死后，岭南大乱，夫人安抚百姓，使好几个州都安然无事。到陈永定二年，她的儿子冯仆九岁的时候，她打发冯仆率领各部落首领到丹阳朝见陈武帝，陈武帝命冯仆为阳春郡太守。后来广州刺史欧阳纥谋反，并召冯仆前往高安，引诱他一起叛乱。冯仆派使者回去报告夫人，夫人说：『我们坚守忠贞，到今天已经两代人了，不能到你头上就辜负国家。』于是发兵拒守边境，并率百越酋长迎陈将章昭达前来。在内外交逼之下，欧阳纥的人马溃散了。冯仆因为母亲的功劳，被陈封为信都侯，又加平越中郎将，并转任石龙郡太守。朝廷下诏书派使者拿着节杖前来册封夫人为中郎将、石龙太夫人，赐给设有绣花车幔、带有丝质网状车饰、四马所驾安车一辆，乐队一支，并赐给指挥用的旗帜和象征权力的旌节，她的仪仗队也完全依照刺史的规格。陈后主至德年间，冯仆死。后遇陈朝灭亡，岭南无所归附，好几个郡的人共同尊奉夫人为首领，号称圣母，以保卫州郡的土地和安定境内人民。

隋高祖派遣总管韦洸前往安抚岭南，原陈朝将领徐璒在南康拒守。韦洸来到岭下，徘徊而不敢前进。当初，夫人曾把一支扶南产的犀杖献给陈后主，到这时，隋的晋王杨广打发被俘的陈后主给夫人写信，告诉她陈已亡国，让她归化隋朝，并用犀杖和兵符作为信物。夫人见到犀杖，证实陈已经亡了，便召集好几千首领，整日痛哭。夫人派遣她的孙子冯魂率众人去迎韦洸。韦洸进入广州，岭南地区便全都安定了。韦洸上表朝廷，任命冯魂为仪同三司官，册封夫人为宋康郡夫人。

不久，番禺人王仲宣造反，岭南首领们都响应他，把韦洸包围在州城中，并进兵屯驻衡岭。夫人派遣孙子冯暄率兵前往救韦洸。冯暄与叛党陈佛智一向很要好，因此军队迟留而不前进。夫人知道后，大怒，派遣使者前往抓获冯暄，把他关押在州的监狱中。夫人又派孙子冯盎带兵讨伐陈佛智，把陈佛智打败，并把他斩杀了。冯盎进兵到南海。

与隋将鹿愿的军队会合，共同打败了王仲宣。夫人亲自身披甲衣，骑着披甲的马，张设锦伞，率领着使用弓弩的骑兵保卫奉朝廷诏书前来巡抚岭南各州的使者裴矩。苍梧首领陈坦、冈州的冯岑翁、梁化的邓马头、藤州的李光略、罗州的庞靖等人都来参见裴矩。夫人令他们回去统领各自的部落，岭南于是安定下来。隋高祖对夫人甚感惊异，于是任命冯盎为高州刺史，赦免并放出冯暄，还任命冯暄为罗州刺史。朝廷又追赠冯宝广州总管、谯国公，册封夫人为谯国夫人，而把宋康邑转授给冯仆的妾冼氏。谯国夫人仍然开设府署，设置长史以下属官，授给印章，听任夫人调发部落和六州的兵马，如果有紧急情况，可由夫人相机行事。高祖下书告诫说：『朕抚育百姓，情义均平如父母，想要使全国的土地都得清净，人民安居乐业。而王仲宣等人却互相聚结，扰乱当地人民，所以派兵前往消灭，为百姓除害。夫人的心情在于报效国家，深识正理，于是命令孙子冯盎斩杀了陈佛智，终于打败了群贼，立下大功。今赐夫人丝织物五千段。冯暄拥兵不进，确实应加罪责，因夫人立有如此忠诚之功效，所以特加宽免。夫人应该训导子孙，努力崇奉礼教，遵奉朝廷的教化，以称朕的心意。』独孤皇后把自己的首饰和宴服一套赐给夫人。夫人把皇后的赏赐物都保存在金箧子中，连同梁、陈时期所得的赏赐物，各封藏在一个仓库中。每逢年节大会，就把这些赏赐物陈列在庭中，展示给子孙们看，说：『你们应尽赤心以向天子。我事奉三代君主，只用一颗好心。现在我所得赏赐物都保存着，这是三代朝廷对于忠孝的报答，希望你们都经常想着这些赏赐物。』

当时番州总管赵讷贪婪暴虐，俚、獠各族多有背叛或逃亡的。夫人命长史张融密封上书朝廷，谈论对于岭南人民应加安抚的道理，并指陈赵讷的罪状，说明他不可安抚远方的人民。皇上派人追究赵讷的罪行，查获了他的赃财，最后依法处置了。朝廷降命委托夫人招抚叛亡者。夫人亲自带着诏书，自称使者，经历了十多个州，宣布皇上的旨意，让俚、獠各族的人都知道，所到之处，叛亡都归降了。高祖对夫人很称赞，将临振县一千五百户赐给夫人作为供她收取赋税的私邑。朝廷又赠赐冯仆为崖州总管、平原郡公。高祖仁寿初年，夫人死，朝廷赐给丝织物一千段，赐谥号为『诚敬夫人』。

南史

刘义庆列传第三

义庆幼为武帝所知，年十三袭封南郡公。永初元年，袭封临川王。元嘉中为丹阳尹。有百姓黄初妻赵杀子妇遇赦，应避孙仇。义庆议以为『周礼父母之仇，避之海外，盖以莫大之冤，理不可夺。至于骨肉相残，当求之法外。礼有过失之宥，律无仇祖之文。况赵之纵暴，本由于酒，论心即实，事尽荒耄。岂得以荒耄之王母，等行路之深仇，宜共天同域，无亏孝道』。六年，加尚书左仆射。八年，太白犯左执法，义庆惧有灾祸，乞外镇。文帝诏谕之，以为『玄象茫昧，左执法尝有变，王光禄至今平安。日蚀三朝，天下之至忌，晋孝武初有此异。彼庸主耳，犹竟无他』。义庆固求解仆射，乃许之。

九年，出为平西将军、荆州刺史，加都督。荆州居上流之重，资实兵甲居朝廷之半，故武帝诸子遍居之。义庆以宗室令美，故特有此授。性谦虚，始至及去镇，迎送物并不受。十二年，普使内外群臣举士，义庆表举前临沮令新野庾实、前征奉朝请武陵龚祈、处士南阳师觉授。义庆留心抚物，州统内官长亲老不随在官舍者，一年听三吏饷家。先是，王弘为江州，亦有此制。在州八年，为西土所安。撰《徐州先贤传》十卷奏上之。又拟班固《典引》为《典叙》，以述皇代之美。

改授江州，又迁南兖州刺史，并带都督。寻即本号加开府仪同三司。性简素，寡嗜欲，爱好文义，文辞虽不多，足为宗室之表。历任无浮淫之过，唯晚节奉沙门颇致费损。少善骑乘，及长，不复跨马，招聚才学之士，远近必至。太尉袁淑文冠当时，义庆在江州请为卫军谘议。其余吴郡陆展、东海何长瑜、鲍照等，并有辞章之美，引为佐史国臣。所著《世说》十卷，撰《集林》二百卷，并行于世。文帝每与义庆书，常加意斟酌。

鲍照，字明远，东海人，文辞赡逸。尝为古乐府，文甚遒丽。元嘉中，河济俱清，当时以为美瑞。照为《河清颂》，其序甚工。照始尝谒义庆未见知，欲贡诗言志，人止之曰：『卿位尚卑，不可轻忤大王。』照勃然曰：『千载上有英才异士沉没而不闻者，安可数哉！大丈夫岂可遂蕴智能，使兰艾不辨，终日碌碌，与燕雀相随乎？』于是奏诗，义庆奇之。赐帛二十匹，寻擢为国侍郎，甚见知赏。迁秣陵令。文帝以为中书舍人。上好为文章，自谓人莫能及，照悟其旨，为文章多鄙言累句。咸谓照才尽，实不然也。临海王子顼为荆州，照为前军参军，掌书记之任。子顼败，为乱兵所杀。

义庆在广陵有疾，而白虹贯城，野麕入府，心甚恶之。因陈求还，文帝许解州，以本号还朝。二十一年，薨于都下，追赠司空，谥曰康王。子哀王晔嗣，为元凶所杀。晔子绰嗣，昇明三年见杀，国除。

【译文】

刘义庆自幼被宋武帝知遇，十三岁时袭父封爵为南郡公。永初元年，又袭爵为临川王。元嘉年间任丹阳尹。有百姓黄初的妻子赵氏杀害儿媳，后被赦免，应该避孙子的杀母仇恨。刘义庆议论此事，认为：『《周礼》说杀父母的仇，应该躲避到海外，盖因莫大的冤仇，照理不可削夺。至于骨肉相残杀的事体，应当到礼法之外探究。礼有对过失的宽宥，法没有仇祖的条文。何况赵氏的放纵暴虐，原本是因为酒，以实情议论动机，事情实在是年老昏瞀迷乱所造成。难道能把年老昏瞀的祖母，等同于路人的深仇？应该可以同在某地域居住，这对孝道无所亏缺。』永初六年，加尚书左仆射。八年，金星侵犯室女星座的左执法星，刘义庆怕有灾祸，乞求外镇。文帝下诏解释劝说他，认为：『天象茫远暧昧，左执法星以前曾经有异变，王光禄至今平安无事。日食三天，是天下最忌讳的事，晋孝武帝初年出现此灾异。他是位平庸的君主，结果也没有什么变故。』刘义庆坚决请求解除仆射的职务，方才允许。

永初九年，放外任为平西将军、荆州刺史，加都督。荆州居上游的重要地位，物资兵甲占朝廷的一半，所以武帝几个儿子普遍担任过荆州刺史之职。刘义庆因为是宗室中的佼佼者，所以特别有这一授任。他秉性谦虚，开始到任直至离职，迎送的物品一概不接受。永初十二年，普遍让京城内外的群臣荐贤举士，刘义庆上表，举荐前临沮县令新野人庾实，前奉朝请武陵人龚祈，处士南阳人师觉授。刘义庆留心安抚接纳人物，州统辖的官长中父母亲年迈没有跟随到官舍的，一年允许三吏馈赠家属。在这以前，王弘任江州刺史，也实行过这种制度。他在州任八年，西土人士都很满意。撰写了《徐州先贤传》十卷，奏上。又仿照班固的《典引》撰写《典叙》，以叙述皇代的佳美。

后来改授江州，又迁任南兖州刺史，任都督一职。不久就以本官号加开府仪同三司。本性简约朴素，嗜好欲望很少，爱好文章义理，文章虽然数量不多，足以成为宗室的代表。经历的职任没有浮货淫乱的罪过，只是晚年事奉佛僧浪费资财很多。少年时擅长骑马，待到年长，不再跨马鞍，招纳聚集文人学士，不论远近都招至。太尉袁淑的文章为当时的冠冕，刘义庆在江州时请他担任卫军咨议。其余如吴郡人陆展，东海人何长瑜、鲍照等人，都有擅长辞章的美才，引用为佐吏和国臣。他所著的《世说新语》十卷，撰写的《集林》二百卷，都流行在社会上。文帝每次写给刘义庆的书信，常特意斟酌文字。

鲍照，字明远，东海人，文辞富赡超绝。曾经写古乐府诗，文辞很刚健美丽。元嘉年间，黄河、济水都很清，当时人以为这是祥瑞。鲍照撰写了《河清颂》，他写的序颇具功力。鲍照起初曾经拜见刘义庆，但没有被赏识，想要献诗以表明心志，有人制止他说：『卿地位还卑贱，不能轻率冒犯大王。』鲍照勃然大怒，说：『千年万载英才异士沉没而名声无闻的，不可胜数。大丈夫难道能永远蕴藏才智，使美恶贤愚不分，整天忙忙碌碌，追随平庸的人群吗？』于是将诗奏上，刘义庆很是珍奇。赐给帛二十匹，不久拔擢为国侍郎，很受赏识。迁任秣陵县令。文帝授任为中书舍人。皇上爱撰写文章，自以为别人比不上，鲍照领悟他的心思，写文章多言辞粗俗句子重复。人们都说鲍照才思枯竭，其实不是这样。临海王刘子顼任荆州刺史，鲍照任前军参军，并掌管书记的职责。后来刘子顼失败，鲍照被乱军杀死。

刘义庆在广陵生病，当时白虹贯城，野獐进入府署，心中十分厌恶。于是上书请求回京，文帝允许他解除州职，以本官号回朝。元嘉二十一年，死在京城。追赠司空，谥为康王。他的儿子哀王刘晔承袭封爵，后来被元凶刘劭杀害。刘晔的儿子刘绰承袭爵位，昇明三年被杀，王国削除。

祖冲之钟嵘列传第六十二

祖冲之

祖冲之，字文远，范阳遒人也。曾祖台之，晋侍中。祖昌，宋大匠卿。父朔之，奉朝请。

冲之稽古，有机思，宋孝武使直华林学省，赐宅宇车服。解褐南徐州从事、公府参军。

始元嘉中，用何承天所制历，比古十一家为密。冲之以为尚疏，乃更造新法，上表言之。考武令朝士善历者难之，不能屈。会帝崩不施行。

历位为娄县令，谒者仆射。初，宋武平关中，得姚兴指南车，有外形而无机杼，每行，使人于内转之。昇明中，齐高帝辅政，使冲之追修古法。冲之改造铜机，圆转不穷，而司方如一，马钧以来未之有也。时有北人索驭驎者亦云能造指南车，高帝使与冲之各造，使于乐游苑对共校试，而颇有差僻，乃毁而焚之。晋时杜预有巧思，造欹器，三改不成。永明中，竟陵王子良好古，冲之造欹器献之，与周庙不异。文惠太子在东宫，见冲之历法，启武帝施行。文惠寻薨又寝。

转长水校尉，领本职。冲之造《安边论》，欲开屯田，广农殖。建武中，明帝欲使冲之巡行四方，兴造大业，可以利百姓者，会连有军事，事竟不行。

冲之解钟律博塞，当时独绝，莫能对者。以诸葛亮有木牛流马，乃造一器，不因风水，施机自运，不劳人力。又造千里船，于新亭江试之，日行百余里。于乐游苑造水碓磨，武帝亲自临视。又特善算。永元二年卒，年七十二。著《易老庄义》，释《论语》《孝经》，注《九章》，造《缀述》数十篇。子暅之。

暅之，字景烁，少传家业，究极精微，亦有巧思。入神之妙，般、倕无以过也。当其诣微之时，雷霆不能入。尝行遇仆射徐勉，以头触之，勉呼乃悟。父所改何承天历时尚未行，梁天监初，暅之更修之，于是始行焉。位至太舟卿。

晅之子皓，志节慷慨，有文武才略。少传家业，善算历。大同中为江都令，后拜广陵太守。

侯景陷台城，皓在城中，将见害，乃逃归江西。百姓感其遗惠，每相蔽匿。广陵人来嶷乃说皓曰：『逆竖滔天，王室如燬，正是义夫发愤之秋，志士忘躯之日。府君荷恩重世，又不为贼所容。今逃窜草间，知者非一，危亡之甚，累棋非喻。董绍先虽景之心腹，轻而无谋，新克此州，人情不附，袭而杀之，此一壮士之任耳。今若纠率义勇，立可得三二百人。意欲奉戴府君，剿除凶逆，远近义徒，自当投赴。如其克捷，可立桓、文之勋；必天未悔祸，事生理外，百代之下，犹为梁室忠臣。若何？』皓曰：『仆所愿也，死且甘心。』为要勇士耿光等百余人袭杀景兖州刺史董绍先，推前太子舍人萧勔为刺史，结东魏为援。驰檄远近，将讨景。景大惧，即日率侯子鉴等攻之。城陷，皓见执，被缚射之，箭遍体，然后车裂以徇。城中无少长，皆埋而射之。

【译文】

祖冲之，字文远，范阳郡遒县人。他的曾祖祖台之，是晋朝侍中。祖父祖昌，是宋朝大匠卿。父亲祖朔之，是奉朝请。祖冲之研习古事，思维机智灵巧，宋孝武帝让他在华林学中值勤，赐给住宅和车服。离家出仕，任南徐州从事、公府参军。

早先，元嘉年间，使用何承天所制作的历法，比古代十一家历法精密。祖冲之认为何承天的历法仍然比较粗疏，于是重新制作历法，上表奏请此事。孝武帝让朝士中精通历法的人驳难祖冲之，不能让他屈服。逢皇帝去世而没有颁布执行。

他历职为娄县县令，谒者仆射。起初，宋武帝平定关中地区，得到后秦姚兴的指南车，有外形却没有内部机械，让人在里面转动它。升明年间，齐高帝辅政，让祖冲之追究古代方法修造。祖冲之重新改造铜制机械，指南车运转不停，而指的方向始终如一，这是从马钧以来没有过的。当时有个北方人名叫索驭驎的也说能制造指南车，高帝让他和祖冲之各自制造，然后在乐游苑一同比试，索驭驎的指南车多有误差，于是被毁坏然后焚烧。晋朝人杜预有精巧的心思，制造倾斜易覆的器具，三次改造而不成。永明年间，竟陵王萧子良好古，祖冲之制造倾斜易覆的器具献给他，和周庙的没有差别。文惠太子在东宫时，看见祖冲之的历法，启奏武帝颁行。文惠太子不久去世，事情又被搁置下来。转任长水校尉，领原职。祖冲之撰写了《安边论》，想开创屯田，扩大农业种植面积。建武年间，明帝想让祖冲之巡视四方，兴造可以惠利百姓的大业，适逢接连有军事行动，事情最终也没有实行。

祖冲之知晓钟律和博戏，在当时可称独家绝手，没有人能和他匹敌。他因为诸葛亮造有木牛流马，就自己制造一器，不用风力和水力，装上机械自行运转，不需要人力。又制造了千里船，在新亭江上试验，一天可行百余里。还在乐游园制造了水碓磨，武帝亲自前往观看。又特别善于计算。永元二年病死，享年七十二岁。著有《易老庄义》，诠释《论语》《孝经》，为《九章算术》作注，制作《缀述》数十篇。他的儿子叫暅之。

祖暅之，字景烁，少年进传习父业，探究极为精微，也有灵巧的心思。出神入化的机妙，公输班和倕也不能超过他。当他研究到达精微处时心神十分专注，就连雷霆也听不见。有一次走路边走边想，遇到仆射徐勉，头碰到徐勉身上，徐勉呼叫，他才醒悟。他父亲修改的何承天的历法当时尚没有颁行，梁朝天监初年，他又加以修订，于是开始颁行。他累官至太舟卿。

祖暅之的儿子祖皓，为人慷慨有志向气节，又有文武才能和谋略。少年时传习家学，精通算术和历法。大同年间任江都县令，后拜广陵太守。

侯景攻陷台城时，祖皓正在城内。他估计留在城内将被杀害，就逃回长江西。百姓感激他以前留下的恩惠，就帮助他隐蔽躲藏。广陵人来嶷劝说祖皓道：『逆贼竖子罪恶滔天，王室像被焚烧一样，正是义夫发愤之时，志士忘身之日。府君世代蒙受朝廷重恩，又不被逆贼宽容。如今逃窜到草莽中间，知道的不是一人，危亡的严重性，超过把棋子一个个摞起来时刻有可能倒塌的情况。董绍先虽说是侯景的心腹，但是轻率而没有谋略，刚攻克此州，人心还没有归附，袭击然后杀死他，这是一位壮士可以完成的任务。今天如果招集义勇之士，马上可以得到二三百人。

我想奉戴府君，剿灭凶逆的人，远近的义故门徒，自然会来投奔参战。如果能够取胜，可以建立齐桓公、晋文公那样的功勋；如果天意不让消除祸难，事情的发展出乎意料，百代以后，仍然是梁朝的忠臣。怎么样？』祖皓说：『这正是我的心愿，就是死了也甘心。』于是邀约勇士耿光等一百多人袭击广陵城，杀死侯景的兖州刺史董绍先，推举前太子舍人萧勔为刺史，交结东魏政权作为外援。派人散发檄文到各地，将要讨伐侯景。侯景十分恐慌，当天就率领侯子鉴等将佐进攻广陵。城被攻陷，祖皓被俘，将他手脚捆绑起来，放乱箭射他。全身被箭布满，然后又车裂示众。城中居民不论老幼，都被活埋或射死。

钟嵘

钟嵘，字仲伟，颍川长社人，晋侍中雅七世孙也。父蹈，齐中军参军。

嵘与兄岏、弟屿并好学，有思理。嵘齐永明中为国子生，明《周易》。卫将军王俭领祭酒，颇赏接之。建武初，为南康王侍郎。时齐明帝躬亲细务，纲目亦密，于是郡县及六署九府常行职事，莫不争自启闻，取决诏敕。文武勋旧皆不归选部，于是凭势互相通进，人君之务，粗为繁密。嵘乃上书言：『古者明君揆才颁政，量能授职，三公坐而论道，九卿作而成务，天子可恭己南面而已。』书奏，上不怿，谓太中大夫顾暠曰：『钟嵘何人，欲断朕机务，卿识之不？』答曰：『嵘虽位末名卑，而所言或有可采。且繁碎职事，各有司存，今人主总而亲之，是人主愈劳而人臣愈逸，所谓代庖人宰而为大匠斫也。』上不顾而他言。

永元末，除司徒行参军。梁天监初，制度虽革，而未能尽改前弊，嵘上言曰：『永元肇乱，坐弄天爵，勋非即戎，官以贿就。挥一金而取九列，寄片札以招六校。骑都塞市，郎将填街。服既缨组，尚为臧获之事，职虽黄散，犹躬胥徒之役。名实淆紊，兹焉莫甚。臣愚谓永元诸军官是素族士人，自有清贯，而因斯受爵，一宜削除，以惩浇竞。若吏姓寒人，听极其门品，不当因军遂滥清级。若侨杂伧楚，应在绥抚，正宜严断禄力，绝其妨正，直乞虚号而已。』

敕付尚书行之。

衡阳王元简出守会稽，引为宁朔记室，专掌文翰。时居士何胤筑室若邪山，山发洪水，漂拔树石，此室独存。元简令嵘作《瑞室颂》以旌表之，辞甚典丽。迁西中郎晋安王记室。

嵘尝求誉于沈约，约拒之。及约卒，嵘品古今诗为评，言其优劣，云：『观休文众制，五言最优。齐永明中，相王爱文，王元长等皆宗附约。于时谢朓未遒，江淹才尽，范云名级又微，故称独步。故当辞密于范，意浅于江。』盖追宿憾，以此报约也。顷之卒官。

【译文】

钟嵘，字仲伟，颍川郡长社人，是晋朝侍中钟雅的七代孙。他的父亲钟蹈，仕齐朝任中军参军。

钟嵘和他的哥哥钟嵘岏、弟弟钟屿都好学，思维很有条理。钟嵘在齐永明年间为国子学的诸生，通明《周易》。卫将军王俭领国子祭酒，对他很赏识优待。建武初年，任南康王的侍郎。当时齐明帝亲自处理琐细的事务，纲目也很细密，于是郡县和六署九府职权范围内的日常事务，无不竞相启奏上闻，办理政务取决于诏书敕令。文武和功勋旧人都不归选部考察任用，于是凭借势力互相疏通仕进，君主的事务，比较繁杂细密。钟嵘于是上书说：『古代的明君揆度人才颁行政务，衡量才能而授予职事，三公坐而论道，九卿办理完成庶务，天子可以不问政事南面而坐。』书上奏后，明帝很不高兴，对太中大夫顾暠说：『钟嵘是什么人，要停止朕的机要事务，卿是否认识他？』顾皓回答说：『钟嵘虽然位卑名微，但是所说的话或许有可以采纳的。况且烦琐细碎的职事，各有专门机构处理，如今人主总括起来亲自处理，使人主更加劳累而人臣更加安逸，这就是人们常说的代替厨师切割和代替木匠砍削啊！』明帝不予理睬而改变了话题。

永元末年，除拜司徒行参军。梁天监初年，制度虽然改革，但以前的弊端没有完全消除，钟嵘又上言说：『永元年间政治开始混乱，玩弄皇天的爵位，功勋不是作战而得，职官用贿赂获取。挥洒一金而取九列的高位，投寄一片书札可以招致六校。骑都尉、中郎将填塞街市。穿着高官的服装，还干着奴婢的事务；职位虽然是黄散，还兼服小吏的差役。名实的混淆和紊乱，无过于此。臣愚昧地认为永元年间诸军官凡是高门士族，本来就有清籍，因这时的功劳而受爵的，一律予以削除，以惩浮薄躁进。如果是庶族寒人，听许达到他最高的门品，不应该因军功就冒滥清级。如果有侨寓杂等北伧西楚之人，应该进行安抚，正宜严格断绝禄仕，阻止他们妨害正途，只给虚号就行。』敕令交付尚书实行。

衡阳王萧元简出任会稽太守，引钟嵘为宁朔记室，专掌文笔。当时处士何胤在若邪山修筑室屋，山洪暴发，漂树拔石，这间室屋独得保存。萧元简命令钟嵘作《瑞室颂》表彰他，文辞非常典雅华丽。迁任西中郎晋安王记室。

钟嵘曾经请求沈约为他扬名，被沈约拒绝。待到沈约死后，钟嵘品评古今诗作，指出其优劣，说：『观赏沈约的全部诗作，以五言诗最优。齐永明年间，相王萧子良爱好文艺，王融等都归向依附沈约。当时谢朓还不刚健，江淹才思枯竭，范云阶低名微，所以沈约当时被称为独一无二。应评为文辞比范云周密，意蕴比江淹浅显。』大约是追思以前的遗憾，用这个评论报复沈约吧。不久死在任上。

北史

北史

冯淑妃列传第二

冯淑妃，名小怜，大穆后从婢也。穆后爱衰，以五月五日进之，号曰『续命』。慧黠能弹琵琶，工歌舞。后主惑之，坐则同席，出则并马，愿得生死一处。命淑妃处隆基堂，淑妃恶曹昭仪所常居也，悉令反换其地。

周师之取平阳，帝猎于三堆，晋州亟告急。帝将还，淑妃请更杀一围，帝从其言。识者以为后主名纬，杀围言非吉征。及帝至晋州，城已欲没矣。作地道攻之，城陷十余步。将士乘势欲入，帝敕且止，召淑妃共观之。淑妃妆点，不获时至。周人以木拒塞，城遂不下。旧俗相传，晋州城西石上有圣人迹，淑妃欲往观之。帝恐弩矢及桥，故抽攻城木造远桥。监作舍人以不速成受罚。帝与淑妃度桥，桥坏，至夜乃还。称妃有功勋，将立为左皇后，即令使驰取袆翟等皇后服御。仍与之并骑观战。东偏少却，淑妃怖曰：『军败矣！』帝遂以淑妃奔还。至洪洞戍，淑妃方以粉镜自玩，后声乱唱贼至，于是复走。内参自晋阳以皇后衣至，帝为按辔，命淑妃著之，然后去。帝奔邺，太后后至，帝不出迎；淑妃将至，凿城北门出十里迎之。复以淑妃奔青州。后主至长安，请周武帝乞淑妃，帝曰：『朕视天下如脱屣，一老妪岂与公惜也！』仍以赐之。

及帝遇害，以淑妃赐代王达，甚嬖之。淑妃弹琵琶，因弦断，作诗曰：『虽蒙今日宠，犹忆昔时怜。欲知心断绝，应看胶上弦。』达妃为淑妃所谮，几致于死。隋文帝将赐达妃兄李询，令着布裙配舂。询母逼令自杀。

【译文】

冯淑妃，名小怜。她原是大穆皇后的陪嫁婢女。穆后的宠爱一天天衰落，就在五月五日把她进献给了后主高纬，起名叫『续命』。此人聪明机敏，能弹琵琶，精于歌舞。后主迷恋着她，坐和她坐在一张席上，出和她并马而行。决心和她生死永在一起。后主让淑妃住在隆基堂，淑妃厌恶那是曹昭仪过去常住的地方，就让她把住处全部换过。

北周的军队占据了平阳，后主正在三堆打猎，晋州数次告急。后主想回来，淑妃请求再打一次围猎，后主就听从了她的话。有见识的人认为，后主名『纬』，杀一『围』的话不是什么吉利兆头（此后晋州失守，北齐又组织反攻）。后主到了晋州，城已经快要攻陷了。北齐军挖地道夺城，城墙陷塌十多步远。将士们正要乘势攻进城去，后主立即下令暂且停止。他想把淑妃叫来，和她一道看这个热闹。淑妃化妆打扮不能按时到来。周军抓紧时间用木料塞住缺口，城再也攻不下来了。旧日相传晋州城西的石上有圣人的足迹，淑妃想去观看。后主怕对方的弓弩把箭射到必经的桥上，就抽调攻城的材料另造一座远桥。造桥的官员因为不能很快把桥造成，还受到了处罚。后主和淑妃走到新造桥上，桥又坏了，两人到了夜晚回来，于是宣布淑妃有功勋要立她为左皇后，就下令让人骑马回京取画有雉鸡图案的专供皇后服用的服饰、仪仗、车马。仍然和淑妃一道，并排骑马观战。齐军的东翼有一部稍事退却，淑妃吓得直喊：『军队败了！』后主就和淑妃跑了回来。到了洪洞军所，淑妃正拿着铅粉、镜子摆弄，后面又叫着贼军到了，于是继续往回跑。太监们从晋阳把皇后的衣服拿到了，后主就拉紧马辔缓慢地走着，让淑妃把皇后衣服穿了然后离去。后主奔往邺城，太后在后面来到，后主却不出去迎接；淑妃要来到了，后主凿开城北门，出城十里来迎接她。然后和淑妃一道奔往青州。后主被周俘虏到长安后，向周武帝请求把淑妃还给他，周武帝说：『我看天下就像一只脱了的鞋子，我难道会为你可惜一个老婆子吗！』于是便把淑妃赏赐给他。

等到后主遇害，就把淑妃赏赐给了北周代王宇文达，宇文达非常宠爱她。淑妃弹琵琶，把弦弄断了，她就为这事作诗说：『虽蒙今日宠，犹忆昔时怜。欲知心断绝，应看胶上弦。』宇文达的妃子被淑妃进谗言几乎致死。隋文帝杀了宇文达后，把淑妃赏给了宇文达妃子的哥哥李询。李询分派她穿上布裙去舂米，李询的母亲逼迫她自杀了。

尔朱荣列传第三十六

尔朱荣字天宝，北秀容人也。世为部落酋帅，其先居尔朱川，因为氏焉。

高祖羽健，魏登国初为领人酋长，率契胡武士从平晋阳，定中山，拜散骑常侍。以居秀容川，诏割方三百里封之，长为世业。道武初，以南秀容川原沃衍，欲令居之。羽健曰：『家世奉国，给侍左右，北秀容既在划内，差近京师，岂以沃塉，更迁远地？』帝许之。所居处曾有狗舐地，因而穿之得甘泉，因名狗舐泉。

曾祖郁德、祖代勤，继为酋长。代勤，太武敬哀皇后舅也。既以外亲，兼数征伐有功，给复百年，除立义将军。曾围山而猎，部人射虎，误中其髀，代勤仍令拔箭，竟不推问，曰：『此既过误，何忍加罪。』部内咸感其意。位肆州刺史，封梁郡公，以老致仕，岁赐帛百匹以为常。卒，谥曰庄。孝庄初，追赠太师、司徒公、录尚书事。

父新兴，太和中继为酋长。曾行马群，见一白蛇，头有两角，咒之，求畜牧蕃息。自是牛羊驼马，日觉滋盛，色别为群，谷量之。朝廷每有征讨，辄献私马，兼备资粮，助裨军用。孝文嘉之。及迁洛，特听冬朝京师，夏归部落。每入朝，诸公王朝贵，竞以珍玩遗之，新兴亦报以名马。位散骑常侍、平北将军、秀容第一领人酋长。新兴每春秋二时，恒与妻子阅畜牧于川泽，射猎自娱。明帝时，以年老，启求传爵于荣。卒，谥曰简。孝庄初，赠太师、相国、西河郡王。

荣洁白美容貌，幼而神机明决。及长，好射猎，每设围誓众，便为军阵之法，号令严肃，众莫敢犯。秀容界有池三所，在高山上，清深不测，相传曰祁连池，魏言天池也。父新兴曾与荣游池上，忽闻箫鼓音，谓荣曰：『古老相传，闻此声，皆至公辅。吾年老暮，当为汝耳。』荣袭爵，后除直寝、游击将军。

正光中，四方兵起，遂散畜牧，招合义勇。以讨贼功，进封博陵郡公，其梁郡前爵听赐第二子。时荣率众至肆州，刺史尉庆宾闭城不纳。荣怒，攻拔之，乃署其从叔羽生为刺史，执庆宾还秀容。自是兵威渐盛，朝廷亦不能罪责。及葛荣吞杜洛周，荣恐其南逼邺城，表求东援相州，帝不许。荣以山东贼盛，虑其西逸，乃遣兵固守滏口以防之。

于是北捍马邑，东塞井陉。

寻属明帝崩，事出仓卒，荣乃与元天穆等密议，入匡朝廷。抗表云：『今海内草草，异口一言，皆云大行皇帝鸩毒致祸，举潘嫔之女以诳百姓，奉未言之儿而临四海。求以徐纥、郑俨之徒，付之司败。更召宗亲，推其明德。』于是将赴京师。灵太后甚惧，诏以李神轨为大都督，将于太行杜防。荣抗表之始，遣从子天光、亲信奚毅及仓头王相入洛，与从弟世隆密议废立。天光乃见庄帝，具论荣心，帝许之。天光等还北，荣发晋阳，犹疑所立，乃以铜铸孝文及咸阳王禧等五王子孙像，成者当奉为王。唯庄帝独就。师次河内，重遣王相密迎庄帝与帝兄彭城王劭、弟始平王子正。武泰元年四月，庄帝自高渚度，至荣军，将士咸称万岁。

及庄帝即位，诏以荣为使持节、都督中外诸军事、大将军、开府、尚书令、领军将军、领左右、太原王。及渡河，太后乃下发入道，内外百官皆向河桥迎驾。

荣惑武卫将军费穆之言，谓天下乘机可取。乃谲朝士共为盟誓，将向河阴西北三里，至南北长堤，悉命下马西度，即遣胡骑四面围之。妄言丞相高阳王欲反，杀百官王公卿士二千余人，皆敛手就戮。又命二三十人拔刀走行宫，庄帝及彭城王、霸城王俱出帐。荣先遣并州人郭罗察共西部高车叱列杀鬼在帝左右，相与为应。及见事起，假言防卫，抱帝入帐，余人即害彭城、霸城二王。乃令四五十人迁帝于河桥，沈灵太后及少主于河。时又有朝士百余人后至，仍于堤东被围。遂临以白刃，唱云能为禅文者出，当原其命。时有陇西李神俊、顿丘李谐、太原温子升并当世辞人，皆在围中，耻是从命，俯伏不应。有御史赵元则者，恐不免死，出作禅文。荣令人诫军士，言元氏既灭，尔朱氏兴，其众咸称万岁。荣遂铸金为己像，数四不成。时荣所信幽州人刘灵助善卜占，言今时人事未可。荣乃曰：『若我作不吉，当迎天穆立之。』灵助曰：『天穆亦不吉，唯长乐王有王兆耳。』荣亦精神恍惚，不自支持，遂便愧悔，至四更中，乃迎庄帝，望马首叩头请死。其士马三千余骑，既滥杀朝士，乃不敢入京，即欲向北为移都之计。持疑经日，始奉驾向洛阳宫。及上北芒，视城阙，复怀畏惧，不肯更前。武卫将军泛礼苦执不听。复前入城，不朝戍。北来之人，皆乘马入殿。诸贵死散，无复次序。庄帝左右，唯有故旧数人。荣犹执移都之议，上亦无以拒焉。又在明光殿重谢河桥之事，誓言无复二心。庄帝自起止之，因复为荣誓，言无疑心。荣喜，因求酒一遍。及醉熟，帝欲诛之，左右苦谏乃止。即以床舆向中常侍省。荣夜半方寤，遂达旦不眠，自此不复禁中宿矣。

荣女先为明帝嫔，欲上立为后，帝疑未决。给事黄门侍郎祖莹曰：『昔文公在秦，怀嬴入侍。事有反经合义，陛下独何疑焉？』上遂从之，荣意甚悦。

于时人间犹或云荣欲迁都晋阳，或云欲肆兵大掠，迭相惊恐，人情骇震。京邑士子，十不一存，率皆逃窜，无敢出者。直卫空虚，官守废旷。荣闻之，上书谢愆。无上王请追尊帝号；诸王、刺史，乞赠三司；其位班三品，请赠令仆；五品之官，各赠方伯；六品已下及白身，赠以镇郡。诸死者无后，听继，即授封爵。均其高下，节级别科，使恩洽存亡，有慰生死。诏如所表。又启帝，遣使巡城劳问，于是人情遂安，朝士逃亡者，亦稍来归阙。荣又奏请番直，朔望之日，引见三公、令、仆、尚书、九卿及司州牧、河南尹、洛阳河阴执事之官，参论国政，以为常式。

五月，荣还晋阳，乃令元天穆向京，为侍中、太尉公、录尚书事、京畿大都督，兼领军将军，封上党王。树置腹心在列职，举止所为，皆由其意。七月，诏加荣柱国大将军。

时葛荣向京师，众号百万，相州刺史李神俊闭门自守。荣率精骑七千，马皆有副，倍道兼行，东出滏口。而与葛荣众寡非敌。葛荣闻之，喜见于色，乃令其众办长绳，至便缚取。自邺以北，列阵数十里，箕张而进。荣潜军山谷为奇兵，分督将已上三人为一处，处有数百骑，令所在扬尘鼓噪，使贼不测多少。又以人马逼战，刀不如棒，密勒军士，马上各赍袖棒一枚，至战时，虑废腾逐，不听斩级，使以棒棒之而已。乃分命壮勇，所当冲突，号令严明，将士同奋。荣身自陷阵，出于贼后，表里合击，大破之。于阵擒葛荣，余众悉降。荣恐其疑惧，乃普令各从所乐，亲属相随，任所居止。于是群情喜悦，登即四散，数十万众，一朝散尽。待出百里之外，乃始分道押领，随便安置，咸得其宜。获其渠帅，量才授用，新附者咸安。时人服其处分机速。乃槛车送葛荣赴阙。诏加荣大丞相、都督河北畿外诸军事。

初，荣将讨葛荣，军次襄垣，遂大猎，有双兔起于马前，荣弯弓誓之曰：『中则禽葛荣，不中则否。』既而并应弦而殪，三军咸悦。及后，命立碑于其所，号双兔碑。又将战夜，梦一人从葛荣索千牛刀，葛荣初不肯与，此人自称己是道武皇帝，葛荣乃奉刀，此人手持授荣。寤而喜，自知必胜。

又诏以冀州之长乐、相州之南赵、定州之博陵、沧州之浮阳、平州之辽西、燕州之上谷、幽州之渔阳七郡，各万户，通前满十万，为太原国邑。又加位太师。

建义初，北海王元颢南奔梁，梁立为魏王，资以兵将。时邢杲以三齐应颢。朝廷以颢孤弱，永安二年春，诏元天穆先平齐地，然后征颢。颢乘虚径进，荥阳、武牢并不守，车驾出居河北。荣闻之，驰传朝行宫于上党之长子，舆驾于是南趣。荣为前驱，旬日之间，兵马大集。天穆克平邢杲，亦渡河以会。车驾幸河内。荣与颢相持于河上，无船不得即度。议欲还北，更图后举。黄门郎杨侃、高道穆等并固执以为不可。属马渚杨云有小船数艘，求为乡导。荣乃令都督尔朱兆等率精骑夜济。颢奔，车驾渡河，入居华林园。诏加荣天柱大将军，增封通前二十万户，加前后部羽葆鼓吹。

荣寻还晋阳，遥制朝廷，亲戚腹心，皆补要职，百僚朝廷动静，莫不以申。至于除授，皆须荣许，然后得用。庄帝虽受制权臣，而勤政事，朝夕省纳，孜孜不已。数自理冤狱，亲览辞讼。又选司多滥，与吏部尚书李神俊议正纲纪，而荣乃大相嫌责。曾关补定州曲阳县令，神俊以阶县不奏，别更拟人。荣大怒，即遣其所补者往夺其任。荣使入京，虽复微蔑，朝贵见之，莫不倾靡。及至阙下，未得通奏，恃荣威势，至乃忿怒。神俊遂上表逊位。荣欲用世隆摄选，上亦不违。荣曾启北人为河内诸州，欲为犄角势，上不即从。天穆入见论事，上犹未许。天穆曰：『天柱既有大功，为国宰相，若请普代天下官属，恐陛下亦不得违。如何启数人为州，便停不用？』帝正色曰：『天柱若不为人臣，朕亦须代；如其犹存臣节，无代天下百官理。』荣闻，大怒曰：『天子由谁得立？今乃不用我语！』皇后复嫌内妃嫔，甚有妒恨之事。帝遣世隆语以大理，后曰：『天子由我家置立，今便如此。我父本日即自作，今亦复决？』世隆曰：『兄止自不为，若本自作，臣今亦得封王。』帝既外迫强臣，内逼皇后，恒怏怏不以万乘为贵。

先是，葛荣枝党韩娄仍据幽、平二州，荣遣都督侯深讨斩之。时万俟丑奴、萧宝夤拥众豳、泾，荣遣其从子天光为雍州刺史，令率都督贺拔岳、侯莫陈悦等入关讨之。天光至雍州，以众少未进，荣大怒，遣其骑兵参军刘贵驰驿诣军，加天光杖罚。天光等大惧，乃进讨，连破之，禽丑奴、宝夤，并槛车送阙。天光又禽王庆云、万俟道乐，关中悉平。于是天下大难便尽。庄帝恒不虑外寇，唯恐荣为逆，常时诸方未定，欲使与之相持，及告捷之日，乃不甚喜，谓尚书令、临淮王彧曰：『即今天下便是无贼？』临淮见帝色不悦，曰：『臣恐贼平以后，方劳圣虑。』帝畏余人怪，还以他语解之，曰：『其实抚宁荒余，弥成不易。』

荣好射猎，不舍寒暑，法禁严重，若一鹿出，乃有数人殒命。曾有一人，见猛兽便走，谓曰：『欲求活邪！』遂即斩之。自此猎如登战场。曾见一猛兽在穷谷中，乃令余人重衣空手搏之，不令复损，于是数人被杀，遂禽得之。持此为乐焉。列围而进，虽阻险不得回避，其下甚苦之。

太宰元天穆从容言荣勋业，宜调政养人。荣便攘肘谓天穆曰：『太后女主，不能自正，推奉天子者，此是人臣常节。葛荣之徒，本是奴才，乘时作乱，譬如奴走，禽获便休。顷来受国大宠，未能混一海内，何宜今日便言勋也？如闻朝士犹自宽纵，今秋欲共兄戒勒士马，校猎嵩原，令贪污朝贵，入围搏虎。仍出鲁阳，历三荆，悉拥生蛮，北填六镇。回军之际，因平汾胡。明年简练精骑，分出江、淮，萧衍若降，乞万户侯；如其不降，径度数千骑，便往缚取。待六合宁一，八表无尘，然后共兄奉天子巡四方，观风俗，布政教，如此乃可称勋耳。今若止猎，兵士懈怠，安可复用也？』

及见四方无事，用遣人奏曰：『参军许周劝臣取九锡，臣恶其此言，已发遣令去。』荣时望得殊礼，故以意讽朝廷。帝实不欲与之，因称其忠。荣见帝年长明悟，为众所归，欲移自近，皆使由己。每因醉云，入将天子，拜谒金陵后，还复恒朔。而侍中朱元龙辄从尚书索太和中迁京故事，于是复有移都消息。

荣乃暂来向京，言看皇后娩难。帝惩河阴之事，终恐难保，乃与城阳王徽、侍中杨侃、李彧、尚书右仆射元罗谋，皆劝帝刺杀之。唯胶东侯李侃晞、济阴王晖业言荣若来，必有备，恐不可图。又欲杀其党与，发兵拒之。帝疑未定，而京师人怀忧惧，中书侍郎邢子才之徒，已避之东出。荣乃遍与朝士书，相任留。中书舍人温子升以书呈帝，帝恒望其不来，及见书，以荣必来，色甚不悦。武卫将军奚毅，建义初往来通命，帝每期之甚重，然以为荣通亲，不敢与之言情。毅曰：『若必有变，臣宁死陛下难，不能事契胡。』帝曰：『朕保天柱无异心，亦不忘卿忠款。』

三年八月，荣将四五千骑，发并州向京。时人皆言其反，复道天子必应图之。九月初，荣至京。有人告云，帝欲图之。荣即具奏。帝曰：『外人亦言王欲害我，岂可信之？』于是荣不自疑，每入谒帝，从人不过数十，皆不持兵仗。帝欲止，城阳王曰：『纵不反，亦何可耐？况何可保耶？』又北人语讹，语『尔朱』为『人主』。上又闻其在北言，我姓人主。先是，长星出中台，扫大角。恒州人高荣祖颇明天文，荣问之曰：『是何祥也？』答曰：『除旧布新象也。』昔长星扫大角，秦以之亡。』荣闻之悦。又荣下行台郎中李显和曾曰：『天柱至，那无九锡，安须王自索也？亦是天子不见机！』都督郭罗察曰：『今年真可作禅文，何但九锡？』参军褚光曰：『人言并州城上有紫气，何虑天柱不应？』荣下人皆陵侮帝左右，无所忌惮，其事皆上闻。奚毅又见，求闻。帝即下明光殿与语。帝又疑其为荣，不告以情。乃知毅赤诚，乃召城阳王徽及杨侃、李彧，告以毅语。

荣小女嫁与帝兄子陈留王，小字伽邪，荣尝指之曰：『我终当得此女婿力。』徽又云：『荣虑陛下终为此患，脱有东宫，必贪立孩幼。若皇后不生太子，则立陈留以安天下。』并言荣指陈留语状。帝即有图荣意，夜梦手持一刀自害，落十指节，都不觉痛。恶之，以告城阳王徽及杨侃。徽解梦曰：『蝮蛇螫手，壮士解腕。割指节与解腕何异？去患乃是吉祥。』闻者皆言善。

九月十五日，天穆到京，驾迎之。荣与天穆并从入西林园讌射。荣乃奏曰：『近来侍官皆不习武，陛下宜将五百骑出猎，因省辞讼。』先是奚毅言荣因猎挟天子移都，至是，其言相符。

至十八日，召中书舍人温子升告以杀荣状，并问以杀董卓事。子昇具通本，上曰：『王允若即赦凉州人，必不应至此。』良久，语子升曰：『朕之情理，卿所具知，死犹须为，况必不死！宁与高贵卿公同日死，不与常道乡公同日生。』上谓杀荣、天穆，即赦其党，便应不动。应诏王道习曰：『尔朱世隆、司马子如、朱元龙比来偏被委付，具知天下虚实，谓不宜留。』城阳王及杨侃曰：『若世隆不全，仲远、天光岂有来理？』帝亦谓然，无复杀意。城阳曰：『荣数征伐，腰间有刀，或能狠戾伤人。临事，愿陛下出。』乃伏侃等十余人于明光殿东。其日，荣与天穆并入，坐食未讫，起出。侃等从东阶上殿，见荣、天穆出至中庭，事不果。

十九日是帝忌日，二十日荣忌日，二十一日，暂入，即向陈留王家，饮酒极醉。遂言病动，频日不入。上谋颇泄，世隆等以告荣。荣轻帝，不谓能反。预帝谋者皆惧。

二十五日，旦，荣、天穆同入，其日大欲革易。上在明光殿东序中西面坐，荣与天穆并御床西北小床上南坐，城阳入，始一拜，荣见光禄卿鲁安等持刀从东户入，即驰向御坐，帝拔千牛刀手斩之，时年三十八。得其手板上有数牒启，皆左右去留人名，非其腹心，悉在出限。帝曰：『竖子！若过今日，便不可制。』时又天穆与荣子菩提亦就戮，于是内外喜叫，声满京城。既而大赦。

荣虽威名大振，而举止轻脱，正以驰射为伎艺，每入朝见，更无所为，唯戏上下马。于西林园宴射，恒请皇后出观，并召王公妃主，共在一堂。每见天子射中，辄自起舞叫，将相卿士，悉皆盘旋，乃至妃主妇人，亦不免随之举袂。及酒酣耳热，必自匡坐唱虏歌，为《树梨》《普梨》之曲。见临淮王彧从容闲雅，爱尚风素，固令为敕勒舞。日暮罢归，便与左右连手蹋地，唱《回波乐》而出。性甚严暴，愠喜无恒，弓箭刀槊，不离于手，每有瞋嫌，即行忍害，左右恒有死忧。曾欲出猎，有人诉之，披陈不已，发怒，即射杀之。曾见沙弥重骑一马，荣即令相触，力穷不复能动，遂使傍人以头相击，死而后已。

节闵帝初，世隆等得志，乃诏赠假黄钺、相国、录尚书、都督中外诸军事、晋王，加九锡，给九旒銮辂，武贲班剑三百人，辒辌车，准晋太宰、安平献王故事，谥曰武。又诏百官议荣配飨，司直刘季明曰：『晋王若配永安，则不能终臣节。以此论之，无所配。』世隆作色曰：『卿合配？』季明曰：『下官预在议限，据理而言，不合上心，诛翦唯命。』众为之危，季明自若。世隆意不已，乃配享孝文庙庭。

……

论曰：魏自宣武之后，政道颇亏。及明皇幼冲，女主南面，始则于忠专恣，继以元叉权重，居官者肆其聚敛，乘势者极其陵暴，于是四海嚣然，已有群飞之渐。逮于灵后反政，宣淫于朝，倾覆之征，于此至矣。尔朱荣缘将帅之列，藉部众之威，属天下暴虐，人神怨愤，遂有匡颓拯弊之志，援主逐恶之功。及夫禽葛荣，诛元颢，戮邢杲，翦韩娄，丑奴、宝夤，咸枭马市，然则荣之功烈，亦已茂矣。而始则希觊非望，睥睨宸极，终乃灵后、少帝，沈流不反，河阴之下，衣冠涂地，其所以得罪人神者焉。

【译文】

尔朱荣，字天宝，是北秀容地方的人。家中世代相传，做契胡部落的军事首领。尔朱荣的祖先曾经在尔朱川定居，于是就以尔朱作为姓氏。

尔朱荣，的高祖父尔朱羽健，在北魏道武帝登国初年，正做契胡部落的领民酋长，率领契胡武士随从道武帝平定晋阳，攻取中山，官拜散骑常侍。因为他当时居住在秀容川，就下诏割出秀容川一带三百里的土地封给他，作为子孙相传的产业。道武帝正式即位后，因为南秀容川的土地肥沃平坦，打算让尔朱羽健迁居到那里。尔朱羽健说：『我们家世代为国家服务，侍从于皇帝左右，听使调遣。北秀容一带现已在我治理之下，这地方离京城也还比较近。我怎么能只考虑土地的肥瘠，就搬到远离陛下的地方呢？』道武帝于是就准许他仍然住在原地。尔朱羽健的住处附近曾经有狗用舌头舐地，因而在那地方挖出了一股甘泉，所以就给它命名为狗舐泉。

曾祖父尔朱郁德，祖父尔朱代勤，相继担任部落领民酋长。尔朱代勤是北魏太武帝敬哀皇后的舅父。因为他是皇帝的外戚，又屡次出征作战立有功劳，太武帝下令免除他家里一百年的赋役，并拜他为立义将军。有一次尔朱代勤率众围山打猎，部落中的人射老虎，误射中尔朱代勤的大腿。尔朱代勤只让人把箭拔出来，并不加以追究，说：『这既然是无心而犯的过错，我怎么忍心加罪呢？』部落中的人都为他的宽厚所感动。后来做到肆州刺史，加封梁郡公。因年老退休，皇帝每年赏赐他一百匹丝绸，后来形成了常制。死后，谥号称为庄。北魏孝庄帝初年时，又追赠尔朱代勤为太师、司徒公、录尚书事。

父亲尔朱新兴，在北魏孝文帝太和年间继任酋长。有一次赶着马群出行，在路上看见一条白蛇，头上还长有两只角。便向它祈祷，希望保佑牲畜不断繁衍生息。从此之后部落中的牛羊驼马等牲畜，一天比一天多，以至于后来把它们按颜色专门分群，每群都以山谷作为计量单位。北魏朝廷每遇到对外战事，尔朱新兴就献上自己的私有马匹，并兼备资财粮草，帮助解决军队的费用。孝文帝因此对他十分嘉赏。到迁都洛阳以后，特旨准许他冬天到京城朝见，夏天回本部落休养。每次入朝，朝中的王侯公卿等贵族争相送给他各种奇珍异宝，尔朱新兴也以良种骏马回赠。官至散骑常侍、平北将军、秀容第一领民酋长。每年春秋两季，尔朱新兴都要带着妻子儿女到临水的草原上检阅放牧情况，并举行狩猎活动作为娱乐。北魏孝明帝时，尔朱新兴已经年老，奏请把爵位传给儿子尔朱荣。死后，谥号为简。孝庄帝初年，追赠太师、相国、西河郡王。

尔朱荣皮肤白皙，相貌俊秀，从小就聪颖过人，多谋善断。长大之后，喜欢骑射狩猎，每次打猎设围，部署部众都按照行军打仗的阵法排列，号令严明，大家都不敢违反。秀容的边境上有三个水池，位于高山之上，水色清流透明，没人知道到底有多深。相传名字叫祁连池，北魏称为天池。尔朱新兴曾带着尔朱荣在池上游览，忽然听到箫鼓的声音，就对尔朱荣说：『上年纪的人相传，听到这种声音的人，将来会做到三公宰相的高位。我已经年纪老了，今天这声音大概是为你而发的吧！』尔朱荣承袭了父亲的爵位，后来又官拜直寝、游击将军。

孝明帝正光年间，北魏王朝境内兵革四起，尔朱荣于是就散发家中的畜牧产业，招纳义勇组织军队。凭着讨伐各地起义队伍的功劳，晋封为博陵郡公，原来家传的爵位梁郡公恩准赐给他的第二个儿子承袭。当时尔朱荣率领军队到了肆州，刺史尉庆宾紧闭城门不予接纳。尔朱荣大怒，就攻占了肆州，任命他的堂叔尔朱羽生为肆州刺史，把尉庆宾抓回了秀容。自此之后尔朱荣的兵力日渐强大，北魏朝廷也无力加以惩罚。到了葛荣吞并杜洛周起义军以后，尔朱荣担心葛荣会南下进逼邺城，上表请求东进到相州一带增援，孝明帝没有答应。尔朱荣见到太行山以东的起义军力量不断壮大，怕他们向西发展，就派遣部队坚守滏口，加以防御。于是尔朱荣的军队在北面捍卫住马邑，东面把守着井陉要道。

过了不久孝明帝逝世，死得非常突然。尔朱荣就和北魏帝室亲属元天穆等人暗中商议，准备兴兵入洛，匡扶朝廷。他上了一份口气强硬的奏章，说：『现在天下百姓人心惶惶，众口一词，都说先皇帝是中毒致死的。朝廷先拿潘嫔生的女儿冒充太子欺骗百姓；随后又立了一个还不会说话的幼儿君临天下。我们要求把徐纥、郑俨这些佞幸之徒都抓起来，交给司法官员论罪。然后再召集宗室亲王，重新推选一个有德之君为天下之主。』于是就准备开赴京师。皇太后胡氏闻讯十分害怕，下诏委任李神轨为大都督，准备在太行山一带布防。尔朱荣在一开始上表的时候，就派侄子尔朱天光、亲信奚毅及家人王相进入洛阳，和在洛阳做官的堂弟尔朱世隆一同暗中商议废立皇帝的计划。尔朱天光随即拜见了长乐王元子攸，也就是后来的北魏孝庄帝，向他陈述尔朱荣准备拥立他为皇帝的打算，孝庄帝表示同意。尔朱天光等人北返之后，尔朱荣就从晋阳统兵南下。临行对拥立计划又有些犹疑，就专门用铜铸造孝文帝以及咸阳王元禧等五位亲王子孙们的塑像，塑像能铸成的，就推奉他为皇帝。结果只有孝庄帝一人的塑像铸成。军队行进到河内，再一次派王相暗中前去迎接孝庄帝，以及孝庄帝的哥哥彭城王元劭和弟弟始平王元子正。武泰元年四月，孝庄帝从高渚渡过黄河，到达尔朱荣的军营，全军将士一同高呼万岁。

到孝庄帝正式即位以后，下诏进拜尔朱荣为使持节、都督中外诸军事、大将军、开府、尚书令、领军将军、领左右，加封太原王。尔朱荣的军队渡过黄河，皇太后胡氏便慌忙剃发躲入道观，朝廷内外的文武官员都前往河桥迎接孝庄帝。

尔朱荣受了武卫将军费穆的蛊惑，以为可以乘此机会夺取天下。于是就诳骗在朝百官，说要一同举行盟誓，要他们出发到河阴西北三里左右的地方，有一道南北走向的长堤，让他们都下马走到堤的西边，然后就派遣契胡骑兵从四面包围起来。他诬陷丞相高阳王元雍企图谋反，并杀掉文武百官、王公贵族一共两千多人。这些人毫无防备，束手就戮。尔朱荣派二三十名军士持刀奔向孝庄帝临时居住的行宫。孝庄帝与元劭、元子正兄弟三人一同走出帐外观看。尔朱荣事先已派并州人郭罗察和西部高车人叱列杀鬼在孝庄帝左右侍奉，准备相机与外边互为策应。至此时见到外边已开始行动，便假称防护保卫，抱持着孝庄帝进入帐内。外边的军士就杀害了元劭和元子正。尔朱荣随后命令四五十名军士把孝庄帝挟持到河桥，并把皇太后胡氏以及她扶立的幼帝元钊都沉到黄河里淹死。这时又有一百多名朝官随后赶到，仍然在大堤东面被包围起来。于是就以钢刀相威胁，宣布说能写禅位给尔朱荣诏书的人可以出来，饶了他的性命。当时陇西人李神俊、顿丘人李谐、太原人温子升都是当代著名的文章高手，均被包围在里面。这些人耻于从命，都伏在地上不作声。有一个叫赵元则的御史，害怕自己不免一死，就出来写了禅位诏书。尔朱荣随即让人晓谕军士，说元魏王朝已经灭亡，尔朱氏将要代为皇帝。部下的军士都齐呼万岁。于是尔朱荣就用黄金浇铸自己的塑像，铸了好几次也没有铸成。当时尔朱荣信任的一个幽州人叫刘灵助的，善于占卜，对尔朱荣说现在做皇帝，人事方面的条件还不具备。尔朱荣就说：『要是我做皇帝不吉利，那就把元天穆接来，立他好了。』刘灵助说：『元天穆也不吉利，只有长乐王才有做皇帝的天命。』尔朱荣也感到精神恍惚，心理上支持不住，就有了惭愧追悔的意思。到夜里四更左右，又把孝庄帝接回来，对着孝庄帝的马头下拜叩头，请求以死赎罪。尔朱荣带来的军队共有三千多骑兵，既已滥杀了大批朝官，就不敢进入京城洛阳，而想裹胁孝庄帝一同北还，做迁都的打算。这样犹豫不决了好几天，才簇拥着孝庄帝向洛阳的皇宫进发。及至走到北芒山，看见了洛阳的城墙，尔朱荣又害怕起来，不肯往前走。武卫将军泛礼苦苦相劝，也不听从。最后总算进入了洛阳城中，但也没有正式恢复朝会和戍卫制度。北来的军士，都骑着马直接闯入大殿。原来的高官贵族或是被杀，或是已经逃窜，朝廷中毫无秩序章法可言。孝庄帝身边也只剩下少数几个从前的亲信大臣。尔朱荣仍然坚持迁都的意见，孝庄帝也无力与他抗衡。尔朱荣又在明光殿再次就河桥迁驾的事情向孝庄帝谢罪，发誓说自己对孝庄帝绝无二心。孝庄帝亲自站起来劝阻他，并且自己也向尔朱荣发誓，说对尔朱荣信任如故，没有疑心。尔朱荣高兴起来，就请求君臣一起喝一次酒。不久尔朱荣就喝醉睡熟了，孝庄帝打算趁机杀掉他，左右的人苦苦劝阻，方才作罢。于是就把尔朱荣连床抬到了中常侍省。尔朱荣一直睡到半夜才醒来，感到后怕，于是直到清晨再也无法入睡。此后尔朱荣再也不敢在禁中留宿了。

尔朱荣的女儿原先是孝明帝的妃嫔，尔朱荣想要孝庄帝立她为皇后，孝庄帝犹豫不决。给事黄门侍郎祖莹说：『春秋时晋文公流亡秦国，晋怀公的妻子怀嬴前去侍奉。有的事情虽然不合经书上的原则，事实上却合乎道义。陛下有什么可犹豫的呢？』孝庄帝就听从了他的意见，尔朱荣心里大为高兴。

这段时间民间仍然传言尔朱荣打算迁都到晋阳，还有人说尔朱荣将要纵容军士大行劫掠，就这样互相惊吓，搞得人心惶惶，气氛十分紧张。京城洛阳里的士人，十家没有一家留下来的，大都或逃亡或躲避，不敢出来露面。朝廷中几乎无人当值戍卫，官位职守也出现很多空缺。尔朱荣听说这种情况，上书谢罪。奏请追尊孝庄帝的哥哥元劭皇帝帝号，遇害的诸王、刺史都追赠三公的品位，三品官追赠尚书令、仆射，五品官追赠刺史，六品以下直到没有官位的人都追赠郡守。死者没有了后嗣的，准许过继后嗣，然后再以封爵相授。总的原则是按照原来的官品高低，分级分类赠恤，使皇恩普及于每个人，死者都能得到安慰。孝庄帝下诏就按尔朱荣的奏请去办。尔朱荣另外又启奏孝庄帝，请求派使节巡视洛阳城，慰问百姓。于是人心逐渐安定下来，逃亡的朝官也慢慢都回到朝中。尔朱荣又奏请由大臣们轮流值班处理政务，每月的初一和十五两天，皇帝专门接见三公、尚书令、仆射、各部尚书、九卿以及司州牧、河南尹和洛阳、河阴的有关行政官员，在一起商量国家大政，并从此定为长期的制度。

五月，尔朱荣返回晋阳。同时派元天穆前去京城，担任侍中、太尉公、录尚书事、京畿大都督，兼领军将军，加封上党王。朝廷各主要机构都安插了尔朱荣的心腹，这些人平时一举一动，都完全遵从尔朱荣的旨意。七月，孝庄帝下诏加授尔朱荣柱国大将军的头衔。

这时河北以葛荣为首的六镇起义部队开始向洛阳进发，人数号称一百万。相州刺史李神俊紧闭城门坚守不出。尔朱荣于是亲自率领七千名精锐骑兵，每人都有正副两匹马，日夜兼程急行军，向东开出滏口。可是他的部队与葛荣军队相比，实在是众寡悬殊，难以抗衡。葛荣听说了这一情况，高兴得喜形于色，就命令自己部下的军士每人准备一条长绳，打算把尔朱荣的军队手到擒来，一一捆捉。葛荣的军队在邺城以北列了几十里的长阵，张开两翼向前推进。尔朱荣在四周的山谷中埋伏部队，作为奇兵，把督将以上的将领每三个人分派在一处，每处都只有几百名骑兵，让各处一起飞扬尘土，呐喊鼓噪，使敌军无法知道到底有多少军队。又考虑到骑兵贴身近战，与刀相比用棒做兵器更方便，于是暗中下令给军士，让他们在马上各自携带一只袖棒。交战的时候为了不至于妨碍奔驰追逐，不要求斩下敌军的首级，只要用袖棒把他们打倒就可以了。于是分派精锐军士，哪一部分在何处作战，号令严明，将领士卒的情绪都十分高涨。尔朱荣一马当先，亲自率军从葛荣军队后面绕出来，冲锋陷阵。这样各小股军队协同作战，内外一同进击，大败葛荣的军队，当场在阵中活捉葛荣，他的部众也全部投降了。尔朱荣担心他们有猜疑畏惧的心情，就广泛下令，让他们各自找喜欢去的地方，准许让亲属追随，自选安身之地。于是投降的军士都十分高兴，顿时四下奔散。数十万的军队，片刻之间就散光了。等到这些人都走出一百里开外，才派人分路押送统领，找合适的地方加以安置，各路都处理得很好。对擒获的葛荣部将，尔朱荣根据他们的才能加以委用，使投降的人感到安心。当时的人都十分佩服尔朱荣对投降部队的处理既敏捷又妥善。于是用囚车把葛荣押送洛阳。孝庄帝下诏，加授尔朱荣大丞相，都督河北畿外诸军事。

起初，尔朱荣将要出兵征讨葛荣，部队开到襄垣，举行了一次大规模围猎。有两只兔子从马前蹿过，尔朱荣弯弓搭箭，对天祈祷说：『如果射中，就表明能生擒葛荣；射不中则不能。』结果两只兔子都应弦而死，全军将士大为振奋。到战役结束以后，尔朱荣命令在围猎的地方专门立了一块碑以示纪念，叫作双兔碑。另外交战头一天夜里，尔朱荣梦见有一个人向葛荣索要他的千牛刀。葛荣开始不肯给，这个人就声称自己是北魏开国皇帝道武帝，葛荣便把刀奉上，这个人又把刀亲手转交给尔朱荣。尔朱荣梦醒之后，十分高兴，知道这场战役肯定会打胜。

北魏朝廷又下诏把冀州的长乐郡、相州的南赵郡、定州的博陵郡、沧州的浮阳郡、平州的辽西郡、燕州的上谷郡、幽州的渔阳郡总共七个郡，每郡一万户，再加上以前所封户数，总共达十万户，作为尔朱荣封国太原国的食邑。同时加授尔朱荣太师的头衔。

孝庄帝改元建义之初，北魏北海王元颢逃亡到南方投奔梁朝。梁朝立他为魏王，并资助他兵将。当时河间人邢杲在山东地区造反，响应元颢。北魏朝廷认为元颢势单力弱，不足为虑。永安二年春天下诏，派元天穆率军先去平定山东，然后再讨伐元颢。元颢趁洛阳一带兵力空虚，长驱直入，荥阳、虎牢都被攻占，孝庄帝逃到黄河以北。尔朱荣闻讯，乘驿传疾驰到上党郡长子县的行宫朝见孝庄帝，孝庄帝才转而向南进发。尔朱荣亲自充当前驱，十来天的时间里，各地兵马纷纷前来集合。元天穆平定了邢杲的起义，也渡过黄河前来会合。孝庄帝进入河内。尔朱荣与元颢隔黄河相持，但没有船，一下子过不去。和诸位大臣、僚属商量，打算暂且收军北撤，以后再另做讨伐元颢的打算。黄门郎杨侃、高道穆等人坚决反对，认为不能这样做。恰好马渚地方有几户姓杨的人家报告说有几艘小船，请求担任向导。尔朱荣于是命令都督尒朱兆等人率领精锐骑兵在夜里渡过黄河。元颢猝不及防，仓皇逃走。孝庄帝渡过黄河，进入洛阳的华林园。下诏加授尔朱荣为天柱大将军，增加封户，与以前合计共达二十万户。又赐给他前后部羽葆鼓吹的仪仗。

尔朱荣随后回到晋阳，在那里对北魏朝廷实行遥控。很多自己的亲戚、心腹，都在朝廷中充任显要的职务。在朝百官的一举一动，这些人没有不向尔朱荣汇报的。至于任命官员，都必须经过尔朱荣的批准，然后才能上任。孝庄帝虽然被权臣所控制，却勤于政事，从早到晚听取汇报，处理政务，孜孜不倦。并且屡次亲自审理冤狱，过问刑法诉讼。又因为官吏选拔没有标准、比较粗滥，与吏部尚书李神俊一起商量，打算严肃选拔官吏的纲纪。尔朱荣对孝庄帝的这些举动都非常不满，屡加责难。有一次尔朱荣批文委任一个人做定州曲阳县的县令，李神俊认为此人级别太低，不够资格，就没有奏闻，而另外拟定人选。尔朱荣知道后大怒，就派他委任的人前去任所强行夺取了官位。每次尔朱荣的使节到洛阳，就算本来是一个地位很低下的人，朝中的达官贵人见到他，也没有不低声下气、献媚讨好的。等到了皇宫门口，一时没有得到通报入见，仗着尔朱荣的权威声势，甚至就当场发起脾气来。李神俊便向孝庄帝上表，请求辞职。尔朱荣打算起用他的堂弟尔朱世隆来掌管官员的选任事务，孝庄帝也不好反对。又有一次尔朱荣奏请选用一些北边部族的人充任河内地区各州的长官，希望与他自己构成掎角呼应之势，孝庄帝没有马上答应。元天穆入宫觐见孝庄帝论及此事，孝庄帝仍然不同意。元天穆说：『天柱大将军既然为国家立有大功，做到宰相的高位，就算是请求全部更换天下所有的官员吏属，恐怕陛下也不能不答应。为什么只启奏几个人任州官，陛下就不同意呢？』孝庄帝板起面孔说：『天柱大将军如果不想再做臣子，那么朕也应该被他更换。如果他还要保持臣节，那就没有更换天下百官的道理。』尔朱荣听说之后，大怒说：『当今天子是靠谁的力量才登上皇位的？现在居然连我的话都不听了！』尔朱荣的女儿孝庄帝皇后又对孝庄帝聘娶妃嫔不满，做出很多妒忌的举动。孝庄帝派尔朱世隆向她晓谕做妻子的道理，尔朱皇后说：『天子本来是由我们家扶上皇位的，现在便这样做。要是当时我父亲自己做了皇帝，今天还有这些事吗？』尔朱世隆说：『只不过大哥自己不想做罢了，要是他自己做了皇帝，那么臣现在也早封为亲王了。』孝庄帝在外面被权臣所挟制，在皇宫里又受到皇后的逼迫，整天闷闷不乐，感觉不到做皇帝的尊贵。

在此之前，葛荣的分支余部韩娄仍然占据着幽州和平州。尔朱荣派遣都督侯深进讨，杀掉了韩娄。当时万俟丑奴、萧宝夤聚众占据了关中的豳州、泾州地区，尔朱荣派自己的堂侄尔朱天光出任雍州刺史，让他率领都督贺拔岳、侯莫陈悦等人的部队入关进行征讨。尔朱天光率军到雍州，顾虑部队人数太少，不敢再前进。尔朱荣闻讯大怒，派遣自己属下的骑兵参军刘贵乘驿传疾驰到军中，传令用仗责打尔朱天光，以示惩罚。尔朱天光等将领大为害怕，于是发兵进讨，连连打败敌军，活捉了万俟丑奴和萧宝夤，一并装在囚车里送往洛阳。尔朱天光另外还擒获了王庆云、万俟道乐等，关中地区完全被平定。至此北魏境内的起兵、割据势力都被消灭了。孝庄帝实际上一直不为外地的祸患担忧，而只害怕尔朱荣谋反。平时四方的战事没有结束，希望借此牵制尔朱荣的力量，内外抗衡。等到境内完全平定，报捷的那一天，孝庄帝便显得不很高兴，对尚书令、临淮王元彧说：『现在天下果真是没有盗贼了吗？』临淮王看到孝庄帝的神色不高兴，就说：『臣恐怕盗贼平定之后，才有真值得陛下担心的事呢。』孝庄帝又怕周围其他人产生疑虑，就岔开话题进行掩饰，说：『实际上安抚、稳定这些经过兵火战乱的地区，的确是更不容易啊。』

尔朱荣酷爱骑射围猎，不管天气冷热，都要经常举行。围猎时的法规、纪律非常严厉，如果有一只鹿从围中逃出，就要有好几个人因而丢掉性命。一次有一个兵士，见到猛兽冲来，吓得拔腿便跑。尔朱荣对他说：『你想逃命吗？』马上将他斩首。从此之后军士参加围猎，就像上了战场一样。又有一次见到一只猛兽被困在深谷当中，就让周围的军士多穿几层衣服，空手去擒拿这只猛兽，不准让它受到伤损。结果一连死了好几个人，才把这只猛兽擒住。尔朱荣把这种行为当成乐趣。围猎时军士围成圈子，缓慢前进，前面有障碍、危险，都不准避开。他的部下为此吃了很多苦头。

太宰元天穆有一次婉转地规劝尔朱荣，吹捧他的功勋业绩。建议他应该调理政事、爱惜士卒。尔朱荣一听，就挥起胳膊对元天穆说：『当年胡太后是个女流之辈，自己行为又不端正。在这样的情况下另行推举拥戴一名天子，这是身为人臣应当做的事情。葛荣那些人，本来就是奴隶出身，趁着时局不稳造起反来，就好像奴隶趁看管不严偷跑了一样，抓回来就算完事了。近来承蒙国家给我极大的荣誉、地位，但还没有能统一天下，今天怎么就能谈得上功勋业绩呢？前不久又听说朝中官员仍然行为放纵，不加检点，因此今年秋天打算和老兄一起检阅军队，到嵩山周围的原野上进行围猎演习，让那些贪赃枉法、行为不端的朝中贵人，都到围猎的圈子里面徒手捉拿老虎。然后兵出鲁阳，横扫荆、楚地区，把那些不开化的蛮族统统抓来，送到北边，充实六镇的人口。军队返回的时候，顺便再讨平汾河沿岸的胡人。明年选拔操练精锐骑兵，分路开往江、淮流域。梁朝皇帝萧衍如果投降，就替他讨一个万户侯的爵位；

要不是投降，就直接差遣几千骑兵，过江把他抓回来。等到天下已经统一、四方没有战乱，然后再和老兄一同簇拥着天子巡视各地，观察风土人情，推广政令教化。像这样才能称得上是功勋。现在如果中止围猎，军士就会情绪松懈、武艺废弛，以后怎么能再靠他们打仗呢？』

等到尔朱荣看见境内已经没有战事，就派人向孝庄帝上奏说：『参军许周建议臣九锡之礼，臣讨厌他说这样的话，已经把他打发走了。』此时尔朱荣实际上很盼望得到九锡的殊礼，所以把这个意思暗示给北魏朝廷。孝庄帝其实也不想满足他的要求，因而假装不明白，称赞尔朱荣的忠心。尔朱荣见到孝庄帝年纪已经长大，聪明机智，为很多人所归心，就打算把他引到自己的身边，使他一举一动都能由自己控制。每次喝醉时都谈到，将要入京拥戴着天子，拜谒北魏先代皇帝陵墓之后，一同回到山西北部的恒州、朔州地区。而侍中朱元龙也向尚书省索要孝文帝太和年间由平城迁都洛阳的有关制度典故，这样迁都的传闻再次传播开来。

尔朱荣于是临时打算去京城洛阳，说是要探望将要分娩的尒朱皇后。孝庄帝想起两年前河阴发生的事情，担心最终将自身难保，就和城阳王元徽，侍中杨侃、李彧，尚书右仆射元罗一同商量，这几个人都劝孝庄帝趁机先下手刺杀尔朱荣。只有胶东侯李侃晞、济阴王元晖业说尔朱荣如果前来，必定有防备，恐怕难以算计他。又有人主张先杀掉尔朱荣在朝的党羽，然后发兵抵御。孝庄帝心中迟疑未定，而这时说城中的人都已预感到情况不妙，心怀恐惧，中书侍郎邢子才等一些人已经为躲避灾祸向东逃出了洛阳。尔朱荣于是一一给朝中官员写信，希望他们留在京城。中书舍人温子升把收到的信呈送给孝庄帝。孝庄帝一直盼望尔朱荣不要来，等看到信，知道尔朱荣一定会来，神色非常不高兴。武卫将军奚毅曾经在孝庄帝即位之初往来传递消息，孝庄帝常常对他寄予很大的期望，但又考虑到他和尔朱荣有亲戚关系，不敢向他吐露真实的心情。奚毅说：『如果一定会发生什么事变，臣宁可为陛下尽节死难，也绝不会去事奉契胡人。』孝庄帝说：『我担保天柱大将军没有不轨的意图，但也不会忘记你对我的一片忠心。』

永安三年八月，尔朱荣率领着四五千骑兵，从并州出发向京城开来。当时的人都说尔朱荣要谋反，又说天子一定会准备对付他。九月初，尔朱荣抵达京城。有人向他报告说，孝庄帝正在密谋对付他。尔朱荣就把听到的情况原原本本上奏。孝庄帝说：『外边的人也传说大王想谋害我。这类话难道能信以为真吗？』于是尔朱荣就不再有疑心，每次入宫拜见孝庄帝，随从的人不过几十，又都不带兵器。孝庄帝因而想中止刺杀计划，城阳王元徽说：『就算他不想谋反，又怎么能忍耐呢？何况怎么能保证他一定不会谋反呢？』另外当时北边地方的人语音不标准，把『尒朱』往往说成『人主』。孝庄帝又听说尔朱荣在北边自称，我姓人主。在此之前，有一个长尾巴的彗星从中台一带出现，扫过大角星。恒州人高荣祖颇通晓天文，尔朱荣就问他：『这是什么征兆呢？』高荣祖回答说：『这是除旧布新的征兆。过去长尾巴的彗星扫过大角星，秦朝就因此而灭亡了。』尔朱荣听了以后非常高兴。尔朱荣的部属，行台郎中李显和有一次曾对人说：『天柱大将军到了京城，哪能不给九锡之礼，怎么还用得着大王本人自己索取呢？这也是天子太不会见机行事了！』都督郭罗察说：『今年连禅位的诏书也可以写出来，岂但九锡之礼呢？』参军褚光说：『听人说并州城头上有紫气出现，还怕天柱大将军不会上应天象吗？』尔朱荣的部下都对孝庄帝左右的人常加凌辱，根本没有顾忌害怕，因此上面这些话都传到孝庄帝耳朵里。奚毅又入宫拜见，请求单独谈话。孝庄帝就走下明光殿同他讲话。又怀疑他会站在尔朱荣一边，不告诉他实情。等到完全了解了奚毅的一片赤诚，才召来城阳王元徽以及杨侃、李彧，告诉他奚毅说的话。

尔朱荣小女儿嫁给了孝庄帝哥哥的儿子陈留王，小名叫伽邪的。尔朱荣曾经指着他对人说：『我最终一定会得到这个女婿的助力。』城阳王元徽又上奏说：『尔朱荣害怕陛下最终会成为他篡位的障碍，如果要立太子，一定会为自己的目的立年幼的皇子。万一皇后没有生太子，就要拥立陈留王以暂时安抚天下。』同时陈述了尔朱荣指着陈留王说的那些话。孝庄帝既已有了图谋尔朱荣的意图，有一次夜里梦见手里拿着一把刀自残，砍掉了自己的十个手指，但都不觉得痛。醒来以后觉得不吉利，就告诉了城阳王元徽和杨侃。元徽解释这个梦说：『一旦手被蝮蛇咬了，真正的壮士就会砍掉自己的手腕。割指头和砍手腕难道不是一个意思吗？去掉病患，是吉祥的事情。』听到的人都认为他说得对。

九月十五日，元天穆也到了京城，孝庄帝亲自前去迎接。尔朱荣和元天穆一同随从孝庄帝到了西林园宴饮射箭。尔朱荣于是上奏说：『近年以来，侍从御驾的官员都荒废了武艺，陛下应该带五百人骑马出去打猎，顺便处理地方上的诉讼案件。』先前奚毅曾经报告尔朱荣将要趁打猎之机挟持天子迁都。至此，他的话得到了验证。

到了十八日，孝庄帝召见中书舍人温子升，告诉他刺杀尔朱荣的计划，并且向他询问历史上王允刺杀董卓的经过。温子升把那段历史做了详细的报告，孝庄帝说：『要是当时王允马上赦免凉州董卓的部曲，一定不会死于后来的混乱局面。』说完之后沉默了半天，又对温子升说：『我的情形处境，你都是知道的。就算死也一定要这样做，何况肯定不会死！我宁可像三国时曹魏的高贵乡公那样与权臣抗争以至捐躯，也不愿意像继位的常道乡公那样忍受屈辱、苟且偷生。』孝庄帝认为杀掉尔朱荣、元天穆之后，马上宣布赦免他的党羽，这些人就不会发动叛乱。应诏王道习说：『尒朱世隆、司马子如、朱元龙这几个人近来因尔朱荣的缘故被委托重用，完全了解朝廷内外的虚实情况，我认为不应该留下他们的性命。』城阳王元徽和杨侃说：『如果尒朱世隆得不到保全，那样尒朱仲远、尒朱天光这些人怎么会有来降附的道理呢？』孝庄帝也认为如此，就不再有杀掉尒朱世隆等人的打算。城阳王说：『尔朱荣多次外出征伐，腰里总是佩带着钢刀，说不定凶恶本性发作起来会伤害周围的人。到行动的时候，希望陛下离开现场。』于是就让杨侃等十几个人埋伏在明光殿东面。这一天，尔朱荣与元天穆一同入宫，坐下来吃东西还没吃完，就起身出去了。杨侃等人从东面的台阶奔上明光殿，见尔朱荣和元天穆已经走到了殿外的庭院当中，刺杀行动没有成功。

十九日是孝庄帝的忌日，二十日是尔朱荣的忌日，二十一日，尔朱荣进宫只停留了片刻，就到陈留王家里去了，在那里喝酒喝得烂醉如泥。此后尔朱荣自称得了病，好几天没有进宫。孝庄帝的计划颇有些泄露，尒朱世隆等人把听到的风声报告了尔朱荣。尔朱荣看不起孝庄帝，不认为他会对自己下手。参与孝庄帝计划的人都害怕起来。

二十五日清晨，尔朱荣与元天穆一同入宫，这一天想要任免一批重要官吏。孝庄帝在明光殿的东墙边西向而坐，尔朱荣和元天穆都在孝庄帝所坐床西北方向的小床上面南而坐。城阳王元徽走进殿来，刚拜了一拜，尔朱荣就看见光禄卿鲁安等人拿着刀从东门冲进来，就奔向孝庄帝的御帝，孝庄帝拔出佩带的千牛刀迎面刺去，亲手杀死了尔朱荣。尔朱荣死时三十八岁。死时他手里拿的手板被呈交上来，上面有几份启奏，内容都是孝庄帝左右侍从或去或留的名单，凡不是尔朱荣心腹的人，都在逐出之列。孝庄帝说：『这小子！要是让他活过今天，以后就没有办法制服他了。』元天穆和尔朱荣的儿子尒朱菩提也同时被杀。于是宫内宫外的人欢呼叫嚷，声音很快传遍了京城。不久孝庄帝发布了大赦的命令。

尔朱荣虽然大权在握，威名远扬，可是平时的行为举止粗放轻浮。以骑马射箭作为自己的专门特长，每次入宫朝见皇帝，也不做别的事情，只进行表演上马下马的骑术游戏。在西林园宴饮射箭，都一定要请皇后出来观看，并同时召集诸王的王妃、公主，共同坐在一堂之上。每当见到天子射中目标，尔朱荣就自己手舞足蹈起来，大嚷大叫。文武百官都跟着他起舞，以至于王妃、公主这些妇女，也不免跟着他跳起来。到了酒喝得半醉，头晕耳热之际，尔朱荣一定要正襟危坐，唱起北边游牧民族的歌曲，诸如《树梨曲》《普梨曲》之类。看到临淮王元彧神态从容不迫、温文尔雅，喜欢闲适、清静，就强迫他跳敕勒族的舞蹈。傍晚宴会结束，准备回去的时候，就与左右侍从一起手拉着手，跳跃跺脚，唱着《回波乐》的曲子跳出门去。尔朱荣性情十分严酷残暴，喜怒无常，弓箭刀槊总是不离手，一旦对谁发起脾气，顺手就抓起手里的兵器对他加以残害，所以左右侍从总是怀有随时可能丧命的恐惧。有一次正打算出去打猎，有一个人前来陈述事情，啰唆起来说个没完。尔朱荣发起脾气来，一箭就把他射死了。还有一次看见两个和尚同骑一匹马，尔朱荣就把他们叫过来，勒令二人用头相顶角力。两个人力气用光，累得不能动弹，又让旁边的人抓着他们的头互相碰撞，直到把他们撞死才算完事。

到了北魏节闵帝元恭初年，尒朱世隆等人掌握了朝廷大权，于是颁诏追赠尔朱荣假黄钺、相国、录尚书事、都督中外诸军事的头衔，追封晋王，追加九锡殊礼，赐给九旒銮辂、武贲班剑三百人、辒辌车，丧礼按西晋太宰、安平献王司马孚的规格行事，谥号称为武。又诏令百官商议尔朱荣配享北魏前代皇帝灵位的有关事宜。司直刘季明说：『如果让晋王配享孝庄帝，可是他对孝庄帝却不能始终保持臣节。从这一点来看，就没有哪位皇帝可以让他去配享。』尒朱世隆沉下脸来说：『难道你可以去配享吗？』刘季明说：『下官既然参与了商议这件事的行列，所以才根据实际情理发言。要是不合上面的意旨，那么要杀要砍悉听尊便。』在场的人都为他捏了一把汗，可是刘季明泰然自若。由于尒朱世隆坚持要让尔朱荣配享，于是决定让尔朱荣去配享孝文帝的灵位。

……

史臣说：北魏王朝自从宣武帝元恪即位以后，政治上开始渐渐衰败。到孝明帝以幼儿的身份继承皇位，胡太后临朝听政，开始是于忠专权恣横，随后又是元叉把持朝纲，做官的都肆无忌惮地大行聚敛，有权的也穷凶极恶地搜刮百姓。于是境内各地群情骚动，已经出现变乱的迹象。及至胡太后再度掌权之后，公开在朝廷中淫乱，北魏王朝灭亡的迹象，到此已达到顶点了。

尔朱荣以武将的身份，凭借着部众的威势，遇到朝廷内外政治暴虐，人神共愤，于是立下拯危扶弊的志向，打算建立救主除恶的功勋。等到他活捉葛荣，诛杀元颢，擒斩邢杲，剿灭韩娄，万俟丑奴、萧宝寅的首级都挂在洛阳的马市，看来尔朱荣立下的功绩，的确相当卓著了。但他一开始就有非分的野心，企图找机会篡取皇位，最后导致胡太后和她所立的小皇帝，都被扔进河里淹死，朝廷的百官公卿，都在河阴惨遭屠杀，这就是尔朱荣最后获罪于人和神的原因。

旧唐书

窦建德列传第四

窦建德，贝州漳南人也。少时，颇以然诺为事。尝有乡人丧亲，家贫无以葬，时建德耕于田中，闻而叹息，遽辍耕牛，往给丧事，由是大为乡党所称。初，为里长，犯法亡去，会赦得归。父卒，送葬者千余人，凡有所赠，皆让而不受。

大业七年，募人讨高丽，本郡选勇敢尤异者以充小帅，遂补建德为二百人长。时山东大水，人多流散，同县有孙安祖，家为水所漂，妻子馁死。县以安祖骁勇，亦选在行中。安祖辞贫，白言漳南令，令怒笞之。安祖刺杀令，亡投建德，建德舍之。是岁，山东大饥，建德谓安祖曰：『文皇帝时，天下殷盛，发百万之众以伐辽东，尚为高丽所败。今水潦为灾，黎庶穷困，而主上不恤，亲驾临辽，加以往岁西征，疮痍未复，百姓疲弊，累年之役，行者不归，今重发兵，易可摇动。丈夫不死，当立大功，岂可为逃亡之虏也。我知高鸡泊中广大数百里，莞蒲阻深，可以逃难，承间而出虏掠，足以自资。既得聚人，且观时变，必有大功于天下矣。』安祖然其计。建德招诱逃兵及无产业者，得数百人，令安祖率之，入泊中为群盗，安祖自称将军。鄃人张金称亦结聚得百人，在河阻中。蓨人高士达又起兵得千余人，在清河界中。时诸盗往来漳南者，所过皆杀掠居人，焚烧舍宅，独不入建德之闾。由是郡县意建德与贼徒交结，收系家属，无少长皆杀之。建德闻其家被屠灭，率麾下二百人亡归士达。士达自称东海公，以建德为司兵。后安祖为张金称所杀，其兵数千人又尽归于建德。自此渐盛，兵至万余人，犹往来高鸡泊中。每倾身接物，与士卒均执勤苦，由是能致人之死力。

十二年，涿郡通守郭绚率兵万余人来讨士达。士达自以智略不及建德，乃进为军司马，咸以兵授焉。建德既初董众，欲立奇功以威群贼，请士达守辎重，自简精兵七千人以拒绚，诈为与士达有隙而叛之。士达又宣言建德背亡，而取虏获妇人绐为建德妻子，于军中杀之。建德伪遣人遗绚书请降，愿为前驱，破士达以自效。绚信之，即引兵从建德至长河界，期与为盟，共图士达。绚兵益懈而不备，建德袭之，大破绚军，杀略数千人，获马千余匹，绚以数十骑遁走，遣将追及于平原，斩其首以献士达。由是建德之势益振。

隋遣太仆卿杨义臣率兵万余人讨张金称，破之于清河，所获贼众皆屠灭，余散在草泽间者复相聚而投建德。义臣乘胜至平原，欲入高鸡泊中，建德谓士达曰：『历观隋将，善用兵者唯义臣耳。新破金称，远来袭我，其锋不可当。请引兵避之，令其欲战不得，空延岁月，将士疲倦，乘便袭击，可有大功。今与争锋，恐公不能敌也。』士达不从其言，因留建德守壁，自率精兵逆击义臣，战小胜，而纵酒高宴，有轻义臣之心。建德闻之曰：『东海公未能破贼而自矜大，此祸至不久矣。隋兵乘胜，必长驱至此，人心惊骇，吾恐不全。』遂留人守壁，自率精锐百余据险，以防士达之败。后五日，义臣果大破士达，于阵斩之，乘势追奔，将围建德。守兵既少，闻士达败，众皆溃散。建德率百余骑亡去，行至饶阳，观其无守备，攻陷之，抚循士众，人多愿从，又得三千余兵。

初，义臣既杀士达，以为建德不足忧。建德复还平原，收士达败兵之死者，悉收葬焉。为士达发丧，三军皆缟素。招集亡卒，得数千人，军复大振，始自称将军。初，群盗得隋官及山东士子皆杀之，唯建德每获士人，必加恩遇。初得饶阳县长宋正本，引为上客，与参谋议。此后隋郡长吏稍以城降之，军容益盛，胜兵十余万人。

十三年正月，筑坛场于河间乐寿界中，自称长乐王，年号丁丑，署置官属。七月，隋遣右翊卫将军薛世雄率兵三万来讨之，至河间城南，营于七里井。建德闻世雄至，选精兵数千人伏河间南界泽中，悉拔诸城伪遁，云亡入豆子航中。世雄以为建德畏己，乃不设备。建德觇知之，自率敢死士一千人袭击世雄。会云雾昼晦，两军不辨，隋军大溃，自相踏藉，死者万余，世雄以数百骑而遁，余军悉陷。于是建德进攻河间，频战不下。其后城中食尽，又闻炀帝被弑，郡丞王琮率士吏发丧，建德遣使吊之，琮因使者请降，建德退舍具馔以待焉。琮率官属素服面缚诣军门，建德亲解其缚，与言隋亡之事，琮俯伏悲哀，建德亦为之泣。诸贼帅或进言曰：『琮拒我久，杀伤甚众，计穷方出，今请烹之。』建德曰：『此义士也。方加擢用，以励事君者，安可杀之？往往泊中共为小盗，容可恣意杀人，今欲安百姓以定天下，何得害忠良乎？』因令军中曰：『先与王琮有隙者，今敢动摇，罪三族。』即日授琮瀛洲刺史。始都乐寿，号曰金城宫，自是郡县多下之。

武德元年冬至日，于金城宫设会，有五大鸟降于乐寿，群鸟数万从之，经日而去，因改年为五凤。有宗城人献玄圭一枚，景城丞孔德绍曰：『昔夏禹膺箓，天锡玄圭。今瑞与禹同，宜称夏国。』建德从之。先是，有上谷贼帅王须拔自号漫天王，拥众数万，入掠幽州，中流矢而死。其亚将魏刀儿代领其众，自号历山飞，入据深泽，有徒十万。建德与之和，刀儿因弛守备，建德袭破之，又尽并其地。

二年，宇文化及僭号于魏县，建德谓其纳言宋正本、内史侍郎孔德绍曰：『吾为隋之百姓数十年矣，隋为吾君二代矣。今化及杀之，大逆无道，此吾仇矣，请与诸公讨之，何如？』德绍曰：『今海内无主，英雄竞逐，大王以布衣而起漳浦，隋郡县官人莫不争归附者，以大王仗顺而动，义安天下也。宇文化及与国连姻，父子兄弟受恩隋代，身居不疑之地，而行弑逆之祸，篡隋自代，乃天下之贼也。此而不诛，安用盟主！』建德称善。即日引兵讨化及，连战大破之。化及保聊城，建德纵撞车抛石，机巧绝妙，四面攻城，陷之。建德入城，先谒隋萧皇后，与语称臣。悉收弑炀帝元谋者宇文智及、杨士览、元武达、许弘仁、孟景，集隋文武官，对而斩之，枭首辕门之外。化及并其二子同载以槛车，至大陆县斩之。

建德每平城破阵，所得资财，并散赏诸将，一无所取。又不啖肉，常食唯有菜蔬、脱粟之饭。其妻曹氏不衣纨绮，所使婢妾才十数人。至此，得宫人以千数，并有容色，应时放散。得隋文武官及骁果尚且一万，亦放散，听其所去。又以隋黄门侍郎裴矩为尚书左仆射，兵部侍郎崔君肃为侍中，少府令何稠为工部尚书，自余随才拜授，委以政事。其有欲往关中及东都者亦恣听之，仍给其衣粮，以兵援之，送出其境。攻陷洺州，虏刺史袁子干。迁都于洺州，号万春宫。遣使往灌津，祠窦青之墓，置守冢二十家。又与王世充结好，遣使朝隋越王侗于洛阳。后世充废侗自立，乃绝之，始自尊大，建天子旌旗，出警入跸，下书言诏。追谥隋炀帝为闵帝，封齐王暕子政道为郧公。然犹依倚突厥。隋义城公主先嫁突厥，及是遣使迎萧皇后，建德勒兵千余骑送之入蕃，又传化及首以献公主。既与突厥相连，兵锋益盛。

九月，南侵相州，河北大使淮安王神通不能拒，退奔黎阳。相州陷，杀刺史吕珉。又进攻卫州，陷黎阳，左武卫大将军李世勣、皇妹同安长公主及神通并为所虏。滑州刺史王轨为奴所杀，携其首以奔建德，曰：『奴杀主为大逆，我何可纳之。』命立斩奴，而返轨首于滑州。吏人感之，即日而降。齐、济二州及兖州贼帅徐圆朗皆闻风而下。建德释李世勣，使其领兵以镇黎州。

三年正月，世勣舍其父而逃归，执法者请诛之，建德曰：『勣本唐臣，为我所虏，不忘其主，逃还本朝，此忠臣也，其父何罪！』竟不诛。舍同安长公主及神通于别馆，待以客礼。高祖遣使与之连和，建德即遣公主与使俱归。尝破赵州，执刺史张昂、刑州刺史陈君宾、大使张道源等，以侵轶其境，建德将戮之。其国子祭酒凌敬进曰：『夫犬各吠非其主，今邻人坚守，力屈就擒，此乃忠确士也。若加酷害，何以劝大王之臣乎？』建德盛怒曰：『我至城下，犹迷不降，劳我师旅，罪何可赦？』敬又曰：『今大王使大将军高士兴于易水抗御罗艺，兵才至，士兴即降，大王之意复为可不？』建德乃悟，即命释之。其宽厚从谏，多此类也。

又遣士兴进围幽州，攻之不克，退军于笼火城，为艺所袭，士兴大溃。先是，其大将王伏宝多勇略，功冠等伦，群帅嫉之。或言其反，建德将杀之，伏宝曰：『我无罪也，大王何听谗言，自斩左右手乎？』既杀之，后用兵多不利。

九月，建德自帅师围幽州，艺出兵与战，大破之，斩首千二百级。艺兵频胜而骄，进袭其营。建德列阵于营中，填堑而出，击艺败之。建德薄其城，不克，遂归洺州。其纳言宋正本好直谏，建德又听谗言杀之。是后人以为诫，无复进言者，由此政教益衰。

先，曹州济阴人孟海公拥精兵三万，据周桥城以掠河南之地。其年十一月，建德自率兵渡河以击之。时秦王攻王世充于洛阳，建德中书舍人刘斌说建德曰：『今唐有关内，郑有河南，夏居河北，此鼎足相持之势也。闻唐兵悉众攻郑，首尾二年，郑势日蹙而唐兵不解。唐强郑弱，其势必破郑，郑破则夏有齿寒之忧。为大王计者，莫若救郑，郑拒其内，夏攻其外，破之必矣。若却唐全郑，此常保三分之势也。若唐军破后而郑可图，则因而灭之，总二国之众，乘唐军之败，长驱西入，京师可得而有，此太平之基也。』建德大悦曰：『此良策矣。』适会世充遣使乞师于建德，即遣其职方侍郎魏处绘入朝，请解世充之围。

四年二月，建德克周桥，虏海公，留其将范愿守曹州，悉发海公及徐圆朗之众来救世充。军至滑州，世充行台仆射韩洪开城纳之，遂进逼元州、梁州、管州，皆陷之，屯于荥阳。三月，秦王入武牢，进薄其营，多所伤杀，并擒其将殷秋、石瓒。时世充弟世辨为徐州行台，遣其将郭士衡领兵数千人从之，合众十余万，号为三十万，军次成皋，筑宫于板渚，以示必战。又遣间使约世充共为表里。经二月，迫于武牢，不得进。秦王遣将军王君廓领轻骑千余抄其粮运，获其大将张青特，虏获甚众。

建德数不利，人情危骇，将帅已下破孟海公，皆有所获，思归洺州。凌敬进说曰：『宜悉兵济河，攻取怀州河阳，使重将居守。更率众鸣鼓建旗，逾太行，入上党，先声后实，传檄而定。渐趋壶口，稍骇蒲津，收河东之地，此策之上也。行此必有三利：一则入无人之境，师有万全；二则拓土得兵；三则郑围自解。』建德将从之，而世充之使长孙安世阴赍金玉啖其诸将，以乱其谋。众咸进谏曰：『凌敬书生耳，岂可与言战乎？』建德从之，退而谢敬曰：『今众心甚锐，此天赞我矣。因此决战，必将大捷。已依众议，不得从公言也。』敬固争，建德怒，扶出焉。其妻曹氏又言于建德曰：『祭酒之言可从，大王何不纳也？请自滏口之道，乘唐国之虚，连营渐进，以取山北，又因突厥西抄关中，唐必还师以自救，此则郑围解矣。今顿兵武牢之下，日月淹久，徒为自苦，事恐无功。』建德曰：『此非女子所知也。且郑国悬命朝暮，以待吾来，既许救之，岂可见难而退，示天下以不信也？』于是悉众进逼武牢，官军按甲挫其锐。

及建德结阵于汜水，秦王遣骑挑之，建德进军而战，窦抗当之。建德少却，秦王驰骑深入，反覆四五合，然后大破之。建德中枪，窜于牛口渚，车骑将军白士让、杨武威生获之。先是，军中有童谣曰：『豆入牛口，势不得久。』建德行至牛口渚，甚恶之，果败于此地。

建德所领兵众，一时奔溃，妻曹氏及其左仆射齐善行将数百骑遁于洺州。余党欲立建德养子为主，善行曰：『夏王平定河朔，士马精强，一朝被擒如此，岂非天命有所归也？不如委心请命，无为涂炭生人。』遂以府库财物悉分士卒，各令散去。善行乃与建德右仆射裴矩、行台曹旦及建德妻率伪官属举山东之地，奉传国等八玺来降。七月，秦王俘建德至京师，斩于长安市，年四十九。自起军至灭，凡六岁，河北悉平。其年，刘黑闼复盗据山东。

【译文】

窦建德，贝州漳南县人。年幼时，常干一些重许诺的义举。曾有一个同乡亲人去世，家里贫穷无埋葬，当时建德正在田里犁地，听到这事后不禁叹息，突然中止犁地，把耕牛送去充作办丧事的费用，由此大为乡里所称道。起初，建德当里长，因犯法逃亡，遇上朝廷发布大赦令，又回到家乡。他父亲去世，送葬的有一千多人。所有送给他的礼物，他都推辞不受。

大业七年，朝廷募兵讨伐高丽，本郡挑选特别勇敢的人充当军队的小头目，于是委任建德做二百人长。当时山东发生大水灾，百姓流散逃亡，同县有一个叫孙安祖的人，家被水淹，妻子饿死。县里认为安祖骁勇，也选中他从军出征。安祖以家贫为由推辞，亲自向漳南县令报告，县令发怒鞭打他。安祖刺杀县令，逃到建德这里，建德安排他住下。这一年，山东发生大饥荒，建德对安祖说：『隋文帝的时候，天下繁盛，朝廷征集百万大军征讨辽东，尚且被高丽打破。现今大水成灾，百姓穷困，而皇上不加抚恤，却亲自驾临辽水；加上往年西征，国家所受的创伤尚未平复，百姓疲弊，连年的兵役徭役，应征的人只去不回，现在又再次征兵，天下轻易就可以摇动。大丈夫不死，当建立大功业，岂可做一名逃亡的贼寇！我知道高鸡泊中广大，方圆数百里，有蒲草阻隔，可以避难，再趁机出来抢掠，足可以自己供给自己。你在那里可以聚集民众，观察时世的变化，将来一定会为天下人立大功。』安祖赞成他的计划。建德招聚、引诱逃兵和没有产业的百姓，得到数百人，让安祖统率，入泊中当强盗，安祖自称将军。当时鄃县人张金称也聚集百人，居于黄河的险阻之处。蓨县人高士达又起兵反隋，有千余人，在清河县境内。当时各路盗贼往来于漳南的，所到之处都杀掠居民，焚烧住宅，唯独不进入建德的居里。因此郡县官猜测建德同盗贼交结，于是逮捕他的家属，不论长幼，全部杀死。建德听到他的家被杀绝的消息后，率领手下二百人投奔士达。士达自称东海公，让建德任司兵。后来安祖被张金称杀死，他的部队数千人又全归属建德。从此声势渐盛，军队达到一万多人，仍活动于高鸡泊中。建德常竭尽全力待人，和士兵一样干劳苦的工作，因此能使他人为他尽死力。

十二年，涿郡通守郭绚率领一万多名士兵来征讨士达。士达自认为智谋赶不上建德，于是让建德升任军司马，把军队全交给他指挥。建德初次统领全部人马，想立奇功以使盗贼们畏服，于是请士达看守军用物资，自己挑选精兵七千人抵御郭绚，假装成与士达有嫌隙而背叛他的样子。士达又宣称建德背叛自己，带兵逃走，而且找来一个虏获的妇女，伪称是建德的妻子，在军中把她杀了。建德派人给郭绚送信，假装请求投降，说自己愿充当前锋，击破士达，以此为郭绚效力。郭绚相信他的话，便领兵跟随建德到达长河县境，期望与他订立盟约，共同对付士达。郭绚的军队更加松懈，毫无防备，建德乘机袭击，大破郭绚的部队，杀死、劫掠数千人，获得马一千多匹，郭绚带领数十名骑兵逃走，建德派手下将领在平原追上他，砍下了他的头献给士达。从此建德的势力更加兴盛。

隋朝派太仆卿杨义臣率士兵一万多人讨伐张金称，在清河击破他，将所俘获的贼寇全部杀死，其余逃散在荒野之间的又聚集一起，投奔建德。义臣乘胜到平原，想进入高鸡泊中，建德对士达说：『遍观隋朝将领，善于用兵的只有义臣一人而已。现在他新破金称，从远方来袭击我们，锋芒正锐不可当。我请求领兵避开他，让他想打又打不成，白白拖延岁月，那时战士疲倦，我们乘便袭击，便可建立大功。现在同他争斗以决胜负，恐怕您不是对手。』士达不听他的话，于是留建德守营，自己率精兵迎击义臣，战斗取得小胜，士达便设盛宴狂饮，有轻视义臣之心。建德知道这事后说：『东海公没有能破敌却骄傲自大，这样灾祸临头就不会很远了。隋军乘胜，一定会顺利地前进到这里，那时人心惊恐，我们怕不能自全。』于是留人守营，自己率领精锐士兵一百多人占据险要之地，以预防士达的失败。过了五天，义臣果然大破士达，在阵上杀死他，并乘势追击逃敌，准备围攻建德。建德的守兵既少，得知士达失败，又全部溃散。建德带领一百多名骑兵逃跑，走到饶阳县，发现城里不设防，便攻陷了它，安抚士人百姓，人们多愿跟从，又得到士兵三千多名。

起初，义臣杀了士达后，认为建德不值得忧虑。于是建德又回到平原，收集士达已战死的败兵的尸体，都加以埋葬。公布士达逝世的消息，部队全穿白色丧服。招集已逃散的士达士兵，得到数千人，军队再次振兴，开始自称将军。起初，各路盗贼获得隋朝官吏及山东士人都杀掉，只有建德每次得到士人，必定以德惠相待。最初得到饶阳县长宋正本，待为上宾，让他参与军政大事的谋议。这以后隋朝的郡县长官逐渐献城投降，建德军容更盛，有优秀的士兵十余万。

十三年正月，建德在河间乐寿县境内筑坛场祭祀，自称长乐王，年号丁丑，设置官职并任命官吏。七月，隋朝派右翊卫将军薛世雄率领三万军队前来讨伐，到达河间城南，扎营于七里井。建德得知世雄的军队已到，挑选精兵数千人埋伏于河间南境的沼泽地中，全部从各城撤出军队，假装逃跑，放出话说，已逃入豆子䴚中。世雄以为建德害怕自己，于是不设防。建德侦察到这一情况，亲自率领敢于赴死的战士一千人袭击世雄。正好遇上白昼大雾，天色昏暗，敌我两军无从分辨，隋军惊逃溃散，自相践踏，死的人有一万多，世雄带领数百名骑兵逃走，余下的军队全部被俘。于是建德进攻河间，打了多次未能攻下。以后城中粮食用完，又听说炀帝被杀，郡丞王琮率领城中的士卒官吏公布炀帝逝世的消息，建德派使者去吊唁，王琮通过使者请求投降，建德于是撤走围城的军队、备好食物等待王琮。王琮率领郡中佐吏穿白色衣服反绑双手到营门投降，建德亲自给他解开绳子，同他谈到隋亡的事，王琮俯伏在地，非常悲哀，建德也为此而哭泣。贼将们有的向建德进言说：『王琮抵抗我们很久，杀伤我们的士兵甚多，无计可施才出来投降，现在我们要求对他处以烹刑。』建德说：『这是一位义士，将加以提拔任用，借此鼓励侍奉君主的人，怎么可以杀死他？从前在高鸡泊中一起当小强盗，也许可以任意杀人，现在要安抚百姓，平定天下，怎么能杀害忠良呢？』于是在军中发布命令说：『从前与王琮有嫌隙的，现在如果胆敢有所动作，罪及父母、兄弟、妻子。』当天便任命王琮为瀛洲刺史。开始在乐寿建都，称为金城宫。从这以后隋朝的郡县多降附建德。

武德元年冬至，同僚属在金城宫聚会，有五只大鸟降落到乐寿，各种鸟数万只跟随它们，历时一天才离去，于是改年号为五凤。有一个宗城人进献玄圭一枚，景城县丞孔德绍说：『从前夏禹亲受图箓，应运而兴，上天赐给玄圭。现在的祥瑞和夏禹的时候一样，国名应当改为夏。』建德听从。在这之前，有上谷盗贼首领王须拔自称漫天王，拥有徒众数万，进入幽州劫掠，中流箭身亡。他的副将魏刀儿代他统领徒众，自称历山飞，进据深泽县，有兵士十万。建德同他讲和，刀儿于是放松防备，建德击破他，又兼并他的所有土地。

二年，宇文化及在魏县僭越称帝，建德对自己的纳言宋正本、内史侍郎孔德绍说：『我当隋朝的百姓已经数十年了，隋做我的君主已经两代了。现在化及杀死隋帝，大逆不道，这是我的仇敌，请和诸位一起讨伐他，怎么样？』德绍说：『当今海内没有君主，英雄相互竞争，大王以平民的身份兴起于漳水之滨，隋朝的郡县官吏之所以都争相归附，是因为大王坚持顺理而行，用仁义安定天下。宇文化及与天子联姻，父子兄弟都蒙受隋朝的恩惠，身处于不被怀疑的地位，而干弑君谋逆的勾当，篡隋自代，是危害天下的坏人。这样的人不诛杀，要盟主做什么！』建德说他的意见很好。当天就领兵讨伐化及，连续作战都大破敌军。化及守聊城，建德派出撞车抛射石块，打击敌人，装置灵巧绝妙，四面攻城，打下了它。建德入城，先觐见隋朝萧皇后，同她谈话自称臣。全部收捕弑杀炀帝的主谋宇文智及、杨士览、元武达、许弘仁、孟景等，召集隋朝文武官吏，当着他们的面将这些人处斩，首级挂在营门外示众。化及和他的两个儿子都装进囚车，到大陆县处斩。

建德每次平定城池攻破敌阵，所得资财，都分赏给手下的将领，自己一无所取。又不吃肉，平常的食品只有蔬菜、糙米饭。他的妻子曹氏不穿用细绢和有花纹的丝织品做成的衣服，使用的奴婢、侍妾才十几人。到这时候，得到的宫女以千计算，都有姿色，立时释放。得到的隋朝文武官员及骁勇敢死之士将近一万，也全释放，随他们愿意上哪儿都可以。又让隋黄门侍郎裴矩任尚书左仆射，兵部侍郎崔君肃任侍中，少府令何稠任工部尚书，其余也随才授职，委以政事。有想到关中及东都去的也听便，还供给他们衣服、粮食，派士兵帮助他们，送他们出自己的国境。攻陷洺州，俘获刺史袁子干。迁都到洺州，称万春宫。派使者往灌津，到窦青的墓上祭祀，为他设置了二十户守墓的人家。又同王世充建立友好关系，派使者到洛阳朝见隋朝越王杨侗。后来王世充废掉杨侗，自立为帝，才同他断绝关系。开始自尊自大，立天子旌旗，像天子那样出入称警跸，发布文书称诏。为隋炀帝追定谥号为闵帝，封齐王杨暕的儿子政道为郧公。但仍依靠突厥。隋朝义城公主早先嫁到突厥，到这时候派使者来迎接萧皇后，建德带领一千多名骑兵送她入突厥，又递送化及的首级献给公主。这以后与突厥联合，兵势更盛。

九月，南侵相州，唐河北大使淮安王李神通不能抵御，逃到黎阳。相州沦陷，杀死刺史吕珉。又进攻卫州，打下黎阳，唐左武卫大将军李世勣、皇妹同安长公主及神通都被俘获。滑州刺史王轨被他的奴仆杀死，这个奴仆携带王轨的头投奔建德，建德说：『奴仆杀死主人是大逆不道，我怎么可以接纳这样的人呢。』命令立刻杀掉这个奴仆，而把王轨的头送回滑州。滑州的官吏百姓感激他，当天就投降。齐、济二州及兖州的盗贼首领徐圆朗都闻风降附。建德释放李世勣，派他领兵镇守黎州。

三年正月，李世勣丢下他的父亲逃回唐朝，负责执法的官吏要求杀世勣的父亲，建德说：『世勣原是唐朝的臣子，被我俘获，不忘自己的主人，逃回本朝，这是忠臣，他的父亲有什么罪呢！』竟然不杀世勣的父亲。安排同安长公主和神通住在客馆里，以客礼相待。唐高祖派使者来同建德和好、联合，建德就送公主和使者一起回唐。曾攻破赵州，捉住刺史张昂、邢州刺史陈君宾、大使张道源等，由于他们侵突建德的辖境，建德准备杀掉他们。建德的国子祭酒凌敬进言说：『狗对不是自己的主人的人总要吠叫，现在邻居们坚持防守，力尽就擒，这些人都很忠诚、刚强。如果残酷地加以杀害，用什么来劝励大王的臣子呢？』建德非常生气地说：『我到城下，他们仍坚持错误不投降，使我的军队吃苦受累，这罪怎么可以赦免？』凌敬又说：『现在大王如果派大将军高士兴在易水抵抗罗艺，敌兵刚到，士兴就投降，大王的意思以为可不可以呢？』建德于是醒悟，便下令释放他们。他的宽厚和听谏，多类似这样。

又派士兴前去围攻幽州，没有能攻下，退兵到笼火城，被罗艺袭击，士兴的军队奔逃溃散。在这之前，建德的大将王伏宝勇猛多谋，功劳在同辈之上，许多将领嫉妒他。有人告他造反，建德要杀他，伏宝说：『我没有罪，大王为什么听信谗言，自己砍去左右手呢？』建德既杀了伏宝，以后作战多失利。

九月，建德亲自领兵包围幽州，罗艺出兵与建德作战，大破建德的军队，斩首级一千二百。罗艺的军队屡战屡胜，骄傲轻敌，进袭建德的营地。建德在营中列阵，填掉部分营外的壕沟，领兵冲出，回击罗艺，打败了他。建德逼近幽州城，未能攻下它，于是回到洺州。建德的纳言宋正本好直言进谏，建德又听信谗言杀了他。这以后人们以此为戒，不再进言，从此政治教化更显衰落。

起初，曹州济阴人孟海公拥有精兵三万，占据周桥城，以它为据点劫掠黄河以南之地。这一年十一月，建德亲自率兵渡过黄河攻打海公。当时秦王在洛阳攻打王世充，建德的中书舍人刘斌劝建德说：『现在唐占有关内，郑占有河南，夏居于河北，这是三方鼎足相持的形势。听说唐军出动全部人马攻打郑国，前后两年，郑国的势力日减而唐军仍不解除对它的围困。唐强郑弱，那趋势必定会击破郑国，郑被击破，那么夏就会有唇亡齿寒的忧患。为大王考虑，不如援救郑国，郑在内部抵抗，夏从外面进攻，击破唐军是必然的。如果逼唐退兵，保全郑国，这就可以长久地保持天下三分的形势了。如果唐军被击破后而郑可谋取，那就接着灭掉它，再统领两国的军队，利用唐军的失败，长驱西入，京师就可以得到，这是使天下太平的基础。』建德非常高兴地说：『这是好计策啊！』刚巧遇上世充派使者来向建德求救兵，便派他的职方侍郎魏处绘入唐，要求解除对世充的围困。

四年二月，建德攻克周桥，俘获海公，留下他的将领范愿守曹州，全部征集海公及徐圆朗的军队来救世充。军队到滑州，世充的行台仆射韩洪打开城门接纳他们进城，于是进逼元州、梁州、管州，全攻下它们，屯兵于荥阳。三月，秦王入虎牢关，进逼建德的营垒，多所杀伤，并抓获建德的将领殷秋、石瓒。当时世充的弟弟世辨任徐州行台，派他的将领郭士衡领兵数千人跟随建德，两方的军队合起来共有十余万，号称三十万，驻扎在成皋，又在板渚筑宫室，借以表示一定要同唐决战。又派使者约世充相互呼应、配合。经过两个月，因被虎牢关阻迫，不能前进。秦王派将军王君廓率领轻骑兵千余名走近路袭击建德的运粮队伍，捉住他的大将张青特，其他俘获也很不少。

建德屡次失利，人们的情绪惊惧不安，将帅以下新破孟海公，都各自掠夺到一些东西，想回洺州。凌敬向建德进言说：『我们应当全军渡过黄河，攻取怀州河阳县，派重要将领镇守。然后再率领部队，击鼓立旗，越过太行，进入上党，先树立声威，挫折敌方士气，然后进军，无须作战，传递檄文即可使所到之地平定。进而逐渐趋向壶口，惊动蒲津，取得河东之地，这是上策。依此而行必定有三大好处：一是进入无人之境，军队不会受到任何伤害；二是可以扩展领土，得到士兵；三是对郑的围困能自动解除。』建德准备听从凌敬的建议，而世充的使者长孙安世暗中送黄金宝玉引诱建德的将领，让他们扰乱建德的谋划。将领们都进谏说：『凌敬不过是个书生，怎么可以同他讨论作战的事呢？』建德听从他们的意见，下朝后谢绝凌敬说：『现在大家的意志坚决，这是上天助我。因此决战，必将大胜。已依从众人的议论，不能听你的话了。』凌敬坚决争辩，建德发怒，命令手下人将他扶出。建德的妻子曹氏又对建德说：『祭酒的话可以听从，大王为什么不采纳呢？请由滏口的道路进兵，趁唐国在那儿空虚无备，军营相连逐渐推进，以夺取山北之地，又利用突厥的军队向西抄掠关中，唐朝必定回师自救，这样对郑的围困也就解除了。现在驻军于虎牢关下，时间很长，只是自己苦自己，恐怕不会有什么功效。』建德说：『这不是女人所能知道的事。而且郑国性命不保，朝朝暮暮等待我们来，我们既已答应援救，怎么可以见难而退，向天下人表明我们不讲信用呢？』于是全军出动进逼虎牢，官军按兵不动，挫折了建德的锐气。

等到建德在汜水列阵，秦王于是派骑兵挑战，建德进兵攻打唐军，窦抗领兵抵挡他。建德略往后退，秦王率骑兵深入敌阵，反复交战四五次，然后大破建德的军队。建德中枪，逃窜到牛口渚，车骑将军白士让、杨武威活捉了他。在这之前，军中有童谣说：『豆入牛口，势力不能长久。』建德走到牛口渚，很厌恶这个名称，果然败于这个地方。

建德所率领的部队，一时间奔逃溃散，他的妻子曹氏和左仆射齐善行带领数百名骑兵逃回洺州。建德的余党想立建德的养子做君主，善行说：『夏王平定河北，兵马精强，顷刻间被擒就像这样，难道不是天命已有所归属了吗？不如倾心于唐，请求保全生命，不要使百姓再受苦受难。』于是把仓库里的财物全分给士兵，让他们各自散去。善行就同建德的右仆射裴矩、行台曹旦及建德的妻子，率领伪夏国官员献上山东的土地及夏皇帝的传国玺等八个印章投降唐朝。七月，秦王带着被俘的建德到京师，在长安的市场上将他处斩，当时他四十九岁。建德从起兵到灭亡，共六年。河北全部平定。这一年，刘黑闼又窃据山东反叛朝廷。

秦叔宝列传第十八

秦叔宝名琼，齐州历城人。大业中，为隋将来护儿帐内。叔宝丧母，护儿遣使吊之，军吏怪曰：『士卒死亡及遭丧者多矣，将军未尝降问，独吊叔宝何也？』答曰：『此人勇悍，加有志节，必当自取富贵，岂得以卑贱处之。』

隋末群盗起，从通守张须陀击贼帅卢明月于下邳。贼众十余万，须陀所统才万人，力势不敌，去贼六七里立栅，相持十余日，粮尽将退，谓诸将士曰：『贼见兵却，必轻来追我。其众既出，营内即虚，若以千人袭营，可有大利。此诚危险，谁能去者？』人皆莫对，唯叔宝与罗士信请行。于是须陀委栅遁，使二人分领千兵伏于芦苇间。既而明月果悉兵追之，叔宝与士信驰至其栅，栅门闭不得入，二人超升其楼，拔贼旗帜，各杀数人，营中大乱。叔宝、士信又斩关以纳外兵，因纵火焚其三十余栅，烟焰涨天。明月奔还，须陀又回军奋击，大破贼众。明月以数百骑遁去，余皆虏之。由是勇气闻于远近。

又击孙宣雅于海曲，先登破之。以前后累勋授建节尉。从须陀进击李密于荥阳，军败，须陀死之，叔宝以余众附裴仁基。会仁基以武牢降于李密，密得叔宝大喜，以为帐内骠骑，待之甚厚。密与化及大战于黎阳童山，为流矢所中，堕马闷绝。左右奔散，追兵且至，唯叔宝独捍卫之，密遂获免。叔宝又收兵与之力战，化及乃退。后密败，又为王世充所得，署龙骧大将军。叔宝薄世充之多诈，因其出抗官军，至于九曲，与程咬金、吴黑闼、牛进达等数十骑西驰百许步，下马拜世充曰：『虽蒙殊礼，不能仰事，请从此辞。』世充不敢逼，于是来降。

高祖令事秦府，太宗素闻其勇，厚加礼遇。从镇长春宫，拜马军总管。又从征于美良川，破尉迟敬德，功最居多。高祖遣使赐以金瓶，劳之曰：『卿不顾妻子，远来投我，又立功效。朕肉可为卿用者，当割以赐卿，况子女玉帛乎？卿当勉之。』寻授秦王右三统军。又从破宋金刚于介休。录前后勋，赐黄金百斤、杂彩六千段，授上柱国。从讨王世充，每为前锋。太宗将拒窦建德于武牢，叔宝以精骑数十先陷其阵。世充平，进封翼国公，赐黄金百斤、帛七千段。

从平刘黑闼，赏物千段。

叔宝每从太宗征伐，敌中有骁将锐卒，炫耀人马，出入来去者，太宗颇怒之，辄命叔宝往取。叔宝应命，跃马负枪而进，必刺之万众之中，人马辟易，太宗以是益重之，叔宝亦以此颇自矜尚。

六月四日，从诛建成、元吉。事宁，拜左武卫大将军，食实封七百户。其后每多疾病，因谓人曰：『吾少长戎马，所经二百余阵，屡中重疮。计吾前后出血亦数斛矣，安得不病乎？』十二年卒，赠徐州都督，陪葬昭陵。太宗特令所司就其茔内立石人马，以旌战阵之功焉。十三年，改封胡国公。十七年，与长孙无忌等图形于凌烟阁。

【译文】

秦叔宝，名琼，齐州历城人。大业中，在隋将来护儿军中做事。叔宝母亲去世，护儿派使者去吊唁，宫中官佐奇怪地问道：『士兵死亡和遭遇丧事的人很多，将军不曾下问，唯独到叔宝家中吊唁，这是为什么呢？』回答说：『这人勇猛强悍，加上有志向操守，必定能凭借自己的力量获取富贵，怎么能把他当成一个地位卑贱的人来对待呢？』

隋朝末年，群盗蜂起，叔宝跟随通守张须陀在下邳攻打盗贼首领卢明月。贼寇的徒众十多万，须陀的部队才一万人，远非势均力敌，须陀在离贼寇六七里远的地方立营，与贼寇相持十多日，粮食用完，准备退兵，对部下的将士们说：『贼寇见兵退走，一定会轻易地来追我们。敌人的部队既出击，营内自然空虚，如果用一千人的兵力偷袭敌营，就可获得大胜利。这确实危险，谁可以去呢？』别人都不说话，只有叔宝和罗士信要求执行这一任务。于是须陀充营而逃，派他们两人各带一千名士兵埋伏在芦苇中。接着明月果然带领全军追击，叔宝和士信迅速跑到敌人的营地，营门紧闭无法进入，两人偷偷越过营栅，爬上敌人的营楼，拔掉敌军的旗帜，各杀死敌兵数名，营中大乱。叔宝、士信又砍断门闩放进在营外的士兵，接着纵火焚烧敌人的三十多座营垒，烟焰弥漫天空。明月急忙奔回，须陀又回师奋力进击，大破敌兵。明月率领数百名骑兵逃跑，其余全被俘虏。从此他的勇气远近闻名。

又在沿海的偏僻地区攻打孙宣雅，捷足先登击破了敌军。由于前后多次立功被任命为建节尉。跟随须陀在荥阳进击李密，军队打败仗，须陀去世，叔宝率领残余部队依附裴仁基。恰巧仁基献虎牢关投降李密，李密得到叔宝后非常高兴，让他在军中任骠骑将军，待他很不薄。李密同宇文化及在黎阳童山大战，被流箭射中，坠马晕倒。跟随左右的士卒逃散，追兵就要到达，叔宝独自保卫他，李密于是免于遭难。叔宝又收拢士卒与敌奋战，化及终于退兵。后来李密失败，叔宝又被王世充得到，世充任命他为龙骧大将军。叔宝鄙薄王世充的狡诈，趁他带兵出来抵抗官军，到了九曲的时候，与程咬金、刘黑闼、牛进达等数十人骑马西走百余步，然后下马拜辞世充说道：『虽然蒙受您的特殊礼遇，但自思不能侍奉您，请就此告辞。』世充不敢逼他们留下，于是来投降官军。

高祖让叔宝在秦王府做事，太宗素闻叔宝勇猛，厚加礼遇。随从秦王坐镇长春宫，拜马军总管。又随从秦王出征美良川，击破尉迟敬德。这次战役功劳数他最多。高祖派使者赐给金瓶，慰问他说：『卿不顾妻儿，从远方来投奔我，又立下功劳。朕的肉如果能为卿所用，也当割下赐给卿，更何况女子、玉器、丝织品呢！卿应当努力。』接着任秦王右三统军。又随从秦王在介休击破宋金刚。综合前后立下的功劳，赐给黄金百斤、各种颜色的丝织品六千段，加授上柱国。随从讨伐王世充，常担任前锋。太宗率兵在虎牢关抵抗窦建德的时候，叔宝带领数十名精壮骑兵首先攻陷敌阵。世充被平定后，进封翼国公，赐给黄金百斤、丝织品七千段。随从平定刘黑闼，赏给织物一千段。

叔宝每次随从太宗出征，敌军中有骁勇的将领、精锐的士卒，在阵上出入来去，自我炫耀的，太宗看到后往往很生气，总是命令叔宝去收拾他们。叔宝应命，跃马扛枪进击，一定能在万众之中刺杀敌人，使他们的人马惊退，太宗因此更加看重他，叔宝也因此常自我夸耀。

武德九年六月四日，随从太宗诛杀建成、元吉。诸事安定之后，拜左武卫大将军，赐给封邑七百户。这以后常多疾病，于是对人说：『我自幼生长于戎马之中，经历的战斗有二百多次，屡受重创。合计我前后流的血也有数十斗之多，怎能不病呢？』贞观十二年去世，赠徐州都督，让他葬在昭陵附近。太宗特令有关主管部门在他的坟墓内立石人石马，以表彰他的战功。十三年，改封胡国公。十七年，和长孙无忌等功臣一样，他的像也被画在凌烟阁上。

新唐书

杜甫列传第一百二十六

甫字子美，少贫不自振，客吴越、齐赵间。李邕奇其材，先往见之。举进士不中第，困长安。

天宝十三载，玄宗朝献太清宫，飨庙及郊，甫奏赋三篇。帝奇之，使待制集贤院，命宰相试文章，擢河西尉，不拜，改右卫率府胄曹参军。数上赋颂，因高自称道，且言：『先臣恕、预以来，承儒守官十一世，迨审言，以文章显中宗时。臣赖绪业，自七岁属辞，且四十年，然衣不盖体，常寄食于人，窃恐转死沟壑，伏惟天子哀怜之。若令执先臣故事，拔泥涂之久辱，则臣之述作虽不足鼓吹《六经》，至沈郁顿挫，随时敏给，扬雄、枚皋可企及也。有臣如此，陛下其忍弃之？』

会禄山乱，天子入蜀，甫避走三川。肃宗立，自鄜州赢服欲奔行在，为贼所得。至德二年，亡走凤翔上谒，拜右拾遗。与房琯为布衣交，琯时败陈涛斜，又以客董廷兰，罢宰相。甫上疏言：『罪细，不宜免大臣。』帝怒，诏三司杂问。宰相张镐曰：『甫若抵罪，绝言者路。』帝乃解。甫谢，且称：『琯宰相子，少自树立为醇儒，有大臣体，时论许琯才堪公辅，陛下果委而相之。观其深念主忧，义形于色，然性失于简。酷嗜鼓琴，廷兰托琯门下，贫疾昏老，依倚为非，琯爱惜人情，一至玷污。臣叹其功名未就，志气挫衄，觊陛下弃细录大，所以冒死称述，涉近讦激，违忤圣心。陛下赦臣百死，再赐骸骨，天下之幸，非臣独蒙。』然帝自是不甚省录。

时所在寇夺，甫家寓鄜，弥年艰窭，孺弱至饿死，因许甫自往省视。从还京师，出为华州司功参军。关辅饥，辄弃官去，客秦州，负薪采橡栗自给。流落剑南，结庐成都西郭。召补京兆功曹参军，不至。会严武节度剑南东、西川，往依焉。武再帅剑南，表为参谋，检校工部员外郎。武以世旧，待甫甚善，亲入其家。甫见之，或时不巾，而性褊躁傲诞，尝醉登武床，瞪视曰：『严挺之乃有此儿！』武亦暴猛，外若不为忤，中衔之。一日欲杀甫及梓州刺史章彝，集吏于门。武将出，冠钩于帘三，左右白其母，奔救得止，独杀彝。武卒，崔旰等乱，甫往来梓、夔间。

大历中，出瞿唐，下江陵，溯沅、湘以登衡山，因客耒阳。游岳祠，大水遽至，涉旬不得食，县令具舟迎之，乃得还。令尝馈牛炙白酒，大醉，一昔卒，年五十九。

甫旷放不自检，好论天下大事，高而不切。少与李白齐名，时号『李杜』。尝从白及高适过汴州，酒酣登吹台，慷慨怀古，人莫测也。数尝寇乱，挺节无所污，为歌诗，伤时桡弱，情不忘君，人怜其忠云。

赞曰：唐兴，诗人承陈、隋风流，浮靡相矜。至宋之问、沈佺期等，研揣声音，浮切不差，而号『律诗』，竞相袭沿。逮开元间，稍裁以雅正，然恃华者质反，好丽者壮违，人得一概，皆自名所长。至甫，浑涵汪茫，千汇万状，兼古今而有之，它人不足，甫乃厌余，残膏剩馥，沾丐后人多矣。故元稹谓：『诗人以来，未有如子美者。』甫又善陈时事，律切精深，至千言不少衰，世号『诗史』。昌黎韩愈于文章慎许可，至歌诗，独推曰：『李、杜文章在，光焰万丈长。』诚可信云。

【译文】

杜甫，字子美，年幼时家贫不能自我救助，客居于吴越、齐赵之间。李邕认为杜甫的才能特出，自己先主动去见他。杜甫应进士试没有考中，困居于长安。

天宝十三载，玄宗到太清宫祭祀，又在太庙祭祀和在南郊祭天，杜甫进献自己写的赋三篇。皇帝读过后认为他的才能特出，让他在集贤院候命，又命令宰相考他的文章，考后提拔他为河西县尉，杜甫不接受这一任命，于是改授右卫率府胄曹参军。杜甫多次进献赋颂，于是过高地自己称道自己，而且对天子说：『自臣的祖先杜恕、杜预以来，承继儒业保持官位共十一代，到了杜审言，以擅长文章显扬于中宗的时代。臣依赖祖先的遗业，自七岁开始写作，至今将近四十年，但仍衣不蔽体，常依附他人而生活，臣私下常害怕流离转徙，死于山沟荒野，希望天子哀怜。如果陛下让依照臣祖先的旧事，将臣从处于卑下地位的长期屈辱中拔出，那么臣的著作，虽然不能宣扬《六经》，但是文章的深沉蕴积，抑扬有致，随时而作，才思敏捷，如扬雄枚皋之类，臣却可以企及。有这样的臣下，陛下能忍心抛弃他吗？』

恰巧安禄山叛乱，玄宗进入蜀地，杜甫于是逃到三川避乱。肃宗即位，杜甫穿贫贱人的衣着，想由鄜州奔往肃宗所在的地方，结果被叛军捉住。至德二年，杜甫逃到凤翔觐见肃宗，被任命为右拾遗。杜甫同房琯是贫贱之交，房琯当时带兵讨伐叛军，在陈涛斜打了败仗，又因为以董廷兰为门客，被免去宰相的职务。杜甫上疏说：『罪过小，不应当因此而罢免大臣。』皇帝发怒，命令三司共同审问杜甫。宰相张镐说：『杜甫如果因此而得罪，会断绝言路。』皇帝于是免除他的罪。杜甫感谢天子的恩典，并说：『房琯是宰相的儿子，年幼时能自建树，成为学识精纯的儒者，有大臣的气质，当代的舆论认可他的才干能够承当三公、辅相的重任，陛下果然委任他为宰相。臣观他能念念不忘君主的忧虑，仗义之气时时流露在脸上，但性情失之于高傲。又酷爱弹琴，琴师董廷兰寄身于房琯门下，他贫病交迫，年老糊涂，依仗房琯做坏事，房琯爱惜人的情感，终至于受玷污。臣叹惜房琯功名尚未成就，志气受到挫折，希望陛下弃小取大，所以冒死称述，言辞近于激烈率直，违反了圣上的心意。陛下赦免臣该死一百次的罪过，再次赐给臣身体生命，这是天下人的幸运，不止是臣一个独自蒙受好处。』但皇帝从此不大理睬和任用杜甫。

当时天下大乱，到处有攻劫掠夺之事，杜甫的家属住在鄜州，整年生活贫困艰难，幼儿弱女至于饿死，于是天子准许杜甫亲往鄜州探望家人。杜甫的家属随从他回到京师。接着天子命令杜甫离京出任华州司功参军。当时关中地区发生饥荒，杜甫便弃官离开关中，客居于秦州，亲自背柴、采集栎树的果实，借此维持生活。后杜甫流落剑南，在成都西城造房子居住。朝廷征召杜甫回京任京兆府功曹参军，杜甫没有到任。恰巧严武出任剑南东、西川节度使，杜甫便前去依附他。严武再次出镇剑南，上表奏请杜甫任剑南节度参谋、检校工部员外郎。严武因为和杜甫是世交，对待杜甫很友善，常亲自到杜甫家中探望。杜甫见严武，有时不戴头巾，而且他性情狭隘急躁，傲慢放诞，曾喝醉酒登上严武的坐床，瞪大眼睛对严武说：『严挺之却有这样的儿子！』严武也暴躁凶猛，外表似乎不以为杜甫冒犯了他，实际则怀恨在心。有一天，想杀杜甫和梓州刺史章彝，把官吏聚集到衙门里。严武将出家门，他的帽子接连三次被门帘钩住，严武左右的人报告严武的母亲，严母急忙跑来解救，这事才得到制止，只杀死了章彝。严武去世，崔旰等人在蜀中作乱，杜甫往来于梓州、夔州之间。

大历年间，杜甫出瞿唐峡，沿长江东下到江陵，又逆沅水、湘水而上，登上了衡山，于是客居于耒阳。有一次杜甫游岳祠，忽然发大水，有十天弄不到吃的，耒阳县令备下小船迎接他，才得以回还。县令曾赠给杜甫牛肉白酒，杜甫吃得大醉，一个晚上便去世了，当时他五十九岁。

杜甫放任不羁，举止不自检束，好议论天下大事，立论高远而不切合实事。年轻时与李白齐名，当时人称为『李杜』。杜甫曾随从李白和高适路过汴州，酒喝得痛快尽兴然后登上吹台，怀想古人，激昂慷慨，人们都摸不透他们的用意。杜甫多次经历盗贼作乱，都能坚持节操，无所玷污；作歌诗，忧念时世，俯就弱者，情不忘君，人们无不爱慕他的忠诚。

赞辞：唐朝兴起，诗人承继陈、隋遗风，以浮华绮靡相夸耀。到宋之问、沈佺期等人，研究揣摩诗歌的声韵，平仄丝毫不差，号称『律诗』，人们竞相沿袭。到了开元年间，逐渐以雅正为取舍标准，但诗人依赖华美的同质朴相反，喜好绮丽的与雄壮相违，人各取得一个方面，都自称道其所长。到了杜甫，广大深沉，千态万状，兼有古今各种体势，他人感到不足之处，杜甫却有多余，他的余泽，滋润后人实在是很多的。所以元稹说：『自有诗人以来，没有人能像子美这样的。』杜甫的诗又擅长陈述时事，格律切合，精密深远，长的至于上千言而笔力不稍衰减，世人称为『诗史』。昌黎韩愈对于文章不随便认可，至于歌诗，唯独推崇说：『李杜文章在，光焰万丈长。』这话确实可信。

李白列传第一百二十七

李白，字太白，兴圣皇帝九世孙。其先隋末以罪徙西域，神龙初，遁还，客巴西。白之生，母梦长庚星，因以命之。十岁通诗书，既长，隐岷山。州举有道，不应。苏颋为益州长史，见白异之，曰：『是子天才英特，少益以学，可比相如。』然喜纵横术，击剑为任侠，轻财重施。更客任城，与孔巢父、韩准、裴政、张叔明、陶沔居徂徕山，日沈饮，号『竹溪六逸』。

天宝初，南入会稽，与吴筠善，筠被召，故白亦至长安。往见贺知章，知章见其文，叹曰：『子，谪仙人也！』言于玄宗，召见金銮殿，论当世事，奏颂一篇。帝赐食，亲为调羹，有诏供奉翰林。白犹与饮徒醉于市。帝坐沈香子亭，意有所感，欲得白为乐章，召入，而白已醉，左右以水颒面，稍解，援笔成文，婉丽精切，无留思。帝爱其才，数宴见。白尝侍帝，醉，使高力士脱靴。力士素贵，耻之，擿其诗以激杨贵妃，帝欲官白，妃辄沮止。白自知不为亲近所容，益骜放不自修，与知章、李适之、汝阳王琎、崔宗之、苏晋、张旭、焦遂为『酒八仙人』。恳求还山，帝赐金放还。白浮游四方，尝乘月与崔宗之自采石至金陵，著宫锦袍坐舟中，旁若无人。

安禄山反，转侧宿松、匡庐间，永王璘辟为府僚佐。璘起兵，逃还彭泽；璘败，当诛。初，白游并州，见郭子仪，奇之。子仪尝犯法，白为救免。至是子仪请解官以赎，有诏长流夜郎。会赦，还寻阳，坐事下狱。时宋若思将吴兵三千赴河南，道寻阳，释囚辟为参谋，未几辞职。李阳冰为当涂令，白依之。代宗立，以左拾遗召，而白已卒，年六十余。

白晚好黄老，度牛渚矶至姑孰，悦谢家青山，欲终焉。及卒，葬东麓。元和末，宣歙观察使范传正祭其冢，禁樵采。访后裔，惟二孙女嫁为民妻，进止仍有风范，因泣曰：『先祖志在青山，顷葬东麓，非本意。』传正为改葬，立二碑焉。告二女，将改妻士族，辞以孤穷失身，命也，不愿更嫁。传正嘉叹，复其夫徭役。

文宗时，诏以白歌诗、裴旻剑舞、张旭草书为『三绝』。

【译文】

李白，字太白，是兴圣皇帝的九代孙。他的祖先在隋末因犯罪被流放到西域，中宗神龙初年，由西域逃回，客居巴西。李白出生的时候，他的母亲梦见太白星，所以用它命名。李白十岁就精通《诗经》《尚书》，长大以后，隐居于岷山。州中荐举李白参加有道科考试，他未响应。苏颋任益州长史，见到李白后认为他不同寻常，说道：『此人天才出众，学业略增进，就可以同司马相如相比。』但李白喜欢纵横术，好击剑，常干一些打抱不平的侠义举动，看轻钱财，重视施惠于人。又客居任城，与孔巢父、韩准、裴政、张叔明、陶沔住在徂徕山，每天痛饮，当时人称他们为『竹溪六逸』。

天宝初年，李白南行入会稽，同吴筠亲善，吴筠被皇帝征召进京，所以李白也跟着到了长安。李白去见贺知章，知章看到他的诗文后，感叹道：『你，是谪居世间的仙人！』知章向玄宗介绍李白，于是玄宗在金銮殿召见李白，李白同玄宗谈论当代之事，进献颂一篇。皇帝赐给李白饮食，亲自在他的汤里放调味品，下诏让他当翰林院供奉。李白好喝酒，仍然每天在市上与酒徒们一起喝得大醉。有一次，皇帝坐在沉香子亭里，心有所感，想让李白为他写歌词，于是召李白入宫，而李白已喝醉，皇帝左右的人用冷水给李白洗脸，李白醉意略消，拿到别人给他的笔便很快写成，文辞婉转华美，精致贴切，诗思毫不迟滞。皇帝喜爱李白的才能，多次在清闲的时候召见他。李白有一次侍奉皇帝，喝醉了酒，让大宦官高力士为他脱靴子。力士素来地位尊贵，以此为平生的耻辱，于是摘取李白诗中之事以激起杨贵妃的不满，皇帝想让李白做官，贵妃就加以阻止。李白自知不被皇帝亲近的人所容，便更加放任，不修养自身，与贺知章、李适之、汝阳王李琎、崔宗之、苏晋、张旭、焦遂结为『饮酒八仙人』。李白恳求玄宗让自己回山隐居，皇帝于是赐给黄金而后放他回山。这以后，李白浪游四方，曾有一次趁月色明亮与崔宗之乘船自采石矶到达金陵，李白穿用宫中特制的锦缎做成的长袍坐在船上，旁若无人。

安禄山造反，李白辗转于松滋、匡庐之间，永王李璘征召他为幕府佐吏。李璘起兵反叛朝廷，李白逃回彭泽；

李璘失败，李白罪该处死。起初，李白游并州，见到郭子仪，认为他才能超群。子仪曾犯法，李白加以援救，使他得以免罪。到这时候，子仪请求解除自己的职务以弥补李白的罪过，天子下令将李白长期流放到夜郎。恰巧遇到天子发布赦令，李白便回到寻阳，因事犯罪被关进监狱。当时宋若思率领吴地士兵三千赴河南，路经寻阳，将李白从狱中放出，征聘他为参谋，没多久李白又辞去职务。李阳冰做当涂县令，李白前去依附于他。代宗即位，征召李白任左拾遗，而李白当时已去世，享年六十余。

李白晚年好黄老术，他渡过牛渚矶到姑孰，喜欢谢朓家青山，想老死于此。等到他去世，就葬在青山东边山脚下。元和末年，宣歙观察使范传正到李白的墓上祭奠，明令禁止在那里打柴。又寻访李白的后裔，只找到他的两个孙女，已嫁给平民为妻，但举止仍有风度，她们哭着说：『先祖父意在青山，仓促间葬在东边山脚下，不符合他的本意。』传正于是为李白改葬，在墓上立了两块碑。又告诉李白的两个孙女，说准备让她们改嫁给世家子弟，两人推辞说，自己因为孤苦穷困而失身于平民，这是命运的安排，不愿意再改嫁。传正为她们而赞叹，免除了她们丈夫的徭役。

文宗的时候，天子下诏以李白的歌诗、裴旻的剑舞、张旭的草书为『三绝』。

旧五代史

梁书十三

刘知俊列传第三

刘知俊，字希贤，徐州沛县人也。姿貌雄杰，倜傥有大志。始事徐帅时溥，为列校，溥甚器之，后以勇略见忌。唐大顺二年冬，率所部二千人来降，即署为军校。知俊被甲上马，轮剑入敌，勇冠诸将。太祖命左右义胜两军隶之，寻用为左开道指挥使，故当时人谓之『刘开道』。后讨秦宗权及攻徐州皆有功，寻补徐州马步军都指挥使。攻海州下之，遂奏授刺史。天复初，历典怀、郑二州，从平青州，以功奏授同州节度使。天祐三年冬，以兵五千破岐军六万于美原。自是连克鄜、延等五州，乃加检校太傅、平章事。开平二年春三月，命为潞州行营招讨使。知俊未至潞，夹寨已陷，晋人引军方攻泽州，闻知俊至，乃退。寻改西路招讨使。六月，大破岐军于幕谷，俘斩千计，李茂贞仅以身免。三年五月，加检校太尉、兼侍中，封大彭郡王。

时知俊威望益隆，太祖雄猜日甚，会佑国军节度使王重师无罪见诛，知俊居不自安，乃据同州叛，送款于李茂贞。又分兵以袭雍、华，雍州节度使刘捍被擒，送凤翔害之，华州蔡敬思被伤获免。太祖闻知俊叛，遣近臣谕之曰：『朕待卿甚厚，何相负耶？』知俊报曰：『臣非背德，但畏死耳！王重师不负陛下，而致族灭。』太祖复遣使谓知俊曰：『朕不料卿为此。昨重师得罪，盖刘捍言阴结邠、凤，终不为国家用。我今虽知枉滥，悔不可追，致卿如斯，我心恨恨，盖刘捍误予事也，捍一死固未塞责。』知俊不报，遂分兵以守潼关。太祖命刘鄩率兵进讨，攻潼关，下之。时知俊弟知浣为亲卫指挥使，闻知俊叛，自洛奔至潼关，为鄩所擒，害之。寻而王师继至，知俊乃举族奔于凤翔，李茂贞厚待之，伪加检校太尉、兼中书令，以土疆不广，无藩镇以处之，但厚给俸禄而已。寻命率兵攻围灵武，且图牧圉之地。灵武节度使韩逊遣使来告急，太祖令康怀英率师救之，师次邠州长城岭，为知俊邀击，怀英败归。茂贞悦，署为泾州节度使。复命率众攻兴元，进围西县，会蜀军救至，乃退。

既而为茂贞左右石简颙等间之，免其军政，寓于岐下，掩关历年。茂贞犹子继崇镇秦州，因来宁觐，言知俊途穷至此，不宜以谗嫉见疑，茂贞乃诛简颙等以安其心。继崇又请令知俊挈家居秦州，以就丰给，茂贞从之。未几，邠州乱，茂贞命知俊讨之。时邠州都校李保衡纳款于朝廷，末帝遣霍彦威率众先入于邠，知俊遂围其城，半载不能下。会李继崇以秦州降于蜀，知俊妻孥皆迁于成都，遂解邠州之围而归岐阳。以举家入蜀，终虑猜忌，因与亲信百余人夜斩关奔蜀。

王建待之甚至，即授伪武信军节度使。寻命将兵伐岐，不克，班师，因围陇州，获其帅桑弘志以归。久之，复命为都统，再领军伐岐。时部将皆王建旧人，多违节度，不成功而还，蜀人因而毁之。先是，王建虽加宠待，然亦忌之，尝谓近侍曰：『吾渐衰耗，恒思身后。刘知俊非尔辈能驾驭，不如早为之所。』又嫉其名者于里巷间作谣言云：『黑牛出圈棕绳断。』知俊色黔而丑生，棕绳者，王氏子孙皆以『宗』『承』为名，故以此构之。伪蜀天汉元年冬十二月，建遣人捕知俊，斩于成都府之炭市。及王衍嗣伪位，以其子嗣禋尚伪峨眉长公主，拜驸马都尉。后唐同光末，随例迁于洛，卒。

知俊族子嗣彬，幼从知俊征行，累迁为军校。及知俊叛，以不预其谋，得不坐。贞明末，大军与晋王对垒于德胜，久之，嗣彬率数骑奔于晋，具言朝廷军机得失，又以家世仇怨，将以报之。晋王深信之，即厚给田宅，仍赐锦衣玉带，军中目为『刘二哥』。居一年，复来奔，当时晋人谓是刺客，以晋王恩泽之厚，故不窃发。龙德三年冬，从王彦章战于中都，军败，为晋人所擒。晋王见之，笑谓嗣彬曰：『尔可还予玉带。』嗣彬惶恐请死，遂诛之。

【译文】

刘知俊，字希贤，徐州沛县人。身材魁梧，相貌不凡，风度潇洒，胸有大志。起初在徐州镇主帅时溥属下谋事，是列校之一，很受时溥器重，后因有勇有谋受到猜忌。唐大顺二年冬天，率部属两千人来降，被后梁太祖任为军校。知俊常披甲骑马，挥舞宝剑冲入敌阵，勇猛为诸将之最。太祖令将左右义胜两军归他指挥，不久又任为左开道指挥使，所以当时人又称他为『刘开道』。随从太祖讨伐秦宗权及进攻徐州，都立有战功，不久又补任为徐州马步军都指挥使。攻取海州后，随即又奏授他为刺史。天复初年，历任怀、郑二州刺史，随从太祖平定青州，因战功被奏授为同州节度使。天祐三年冬天，率军五千于美原击败岐军六万。此后接连攻克鄜、延等五州，于是加官为检校太傅、平章事。开平二年春季三月，又被任为潞州行营招讨使。知俊还未到达潞州，夹寨就已经陷落，晋军正移军进攻泽州，听说知俊率军前来，就退了回去。不久又改任西路招讨使。六月，于幕谷大破岐军，俘获、斩首敌军数以千计，李茂贞只身逃脱。三年五月，又加官检校太尉、兼侍中，封为大彭郡王。

这时知俊的威望越来越高，太祖的猜忌也逐渐加深，又碰上佑国军节度使王重师无罪被杀，知俊更加坐卧不安，就据同州称兵反叛，并向李茂贞表示愿意归附。同时还分兵袭击雍州、华州，雍州节度使刘捍被他擒获，送至凤翔后被杀，华州的蔡敬思受伤后才脱险。太祖听说知俊反叛，就派亲近的大臣前往说明利害，对他说：『朕待你很优厚，为什么背叛呢？』知俊回答说：『我并不愿意背叛您的恩德，只是害怕被害而已。王重师没有对不起陛下，却遭到族灭之祸。』太祖又派使者前往告诉知俊说：『朕没有料到你是因为这件事。不久前重师被治罪，是因为刘捍说他暗中勾结邠宁镇、凤翔镇，最终不会为国家效力。我现在虽然知道冤枉了他，可是悔不可及，又导致了你目前这样，我心里很悔恨，是刘捍误了我的事，刘捍虽然死了也弥补不了他的罪责。』知俊不予作答，于是分出一部分兵力扼守潼关。太祖命令刘鄩率兵进讨，很快就攻克了潼关。当时知俊的弟弟知浣担任亲卫指挥使，听说知俊反叛，就从洛阳逃奔，在潼关被刘鄩擒获、杀害。不久后梁军队相继赶到，知俊就举族逃奔于凤翔，李茂贞对他厚礼相待，加授伪官检校太尉、兼中书令，因为辖区不大，没有给他藩镇的名号，只是给予优厚的俸禄而已。不久命他率兵围攻灵武，并进一步图谋夺取牧业区。灵武节度使韩逊派使者来朝廷告急，太祖命令康怀英率军前往救援，部队进至邠州长城岭，受到知俊的伏击，怀英失败而归。李茂贞很高兴，任知俊为泾州节度使，又命令他率军进攻兴元，进围西县，等到蜀兵救兵来到，才退了回来。

不久受到李茂贞的亲信石简颙的挑拨离间，被夺掉了军政大权，寓居于岐下，好多年闭门不出。李茂贞的侄子李继崇镇守秦州，在进见茂贞的时候说道：知俊是在无路可走的情况下来投奔的，不应该因谗言嫉妒而受到猜疑。

茂贞于是杀掉简颙等人来安抚知俊。继崇又提议让知俊全家迁居秦州，靠近富裕的地区，茂贞答应了。时间不长，邠州发生变乱，茂贞命令知俊前往讨伐。当时邠州都校李保衡向朝廷投诚，末帝派霍彦威率军抢先进入了邠州城，知俊于是率军包围了邠州城，围城半年未能攻下。后逢李继崇在秦州投降前蜀，知俊的妻儿老小都随迁到了成都，他于是就放弃了对邠州的包围而回到岐阳，由于全家已经入蜀，到底还是担心遭猜忌，就借机与亲信百余人利用夜晚的时间夺关而逃，投奔了前蜀。

王建待他很周到，随即授予他伪武信军节度使一职。不久命他率军进攻岐州镇，没有攻克，班师途中又顺路围攻陇州，带着俘获的陇州主帅桑弘志返回了蜀境。过了很长时间，又任他为都统，再次领兵讨伐岐州。这时的部将都是王建的旧部，很多人都不听指挥，结果无功而返，蜀人便借机诋毁排挤他。先前，王建对他虽是优礼相待，但也猜忌他，曾对亲随说：『我慢慢衰老了，常常思考身后的安排。刘知俊不是你们等人所能驾驭的，不如尽早给他做出安排。』嫉妒他名声的人，在民间散布谣言说：『黑牛出圈棕绳断。』知俊脸色黝黑，生于丑牛年；所谓『棕绳』，是指王氏的子孙都以『宗』『承』起名，因这句话含有王氏将要灭绝的意思，就以此诬陷知俊。伪蜀政权天汉元年冬季十二月，王建派人逮捕知俊，在成都府的炭市将他斩首。以后等王衍继承伪皇帝位，就以知俊的儿子刘嗣禋娶伪峨眉长公主为妻，拜官驸马都尉。后唐同光末年，嗣禋依例迁居洛阳，死于该地。

知俊的族子刘嗣彬，年幼时即随从知俊征战，逐渐升至军校。及知俊反叛，他因没有参与谋反，未受到株连。贞明末年，后梁大军与晋王对峙于德胜一带，过了一段时间，嗣彬便带领几名骑兵投奔了晋军，和盘托出朝廷的军事机密和处置得失，又因有家族世仇，发誓要报仇。晋王很相信他，随即赏给了很多田地和房子，还赐给他锦衣玉带，在军中被视为『刘二哥』。过了一年，又投奔了过来，当时晋军都说他是刺客，因为晋王待他恩德很厚，所以没有暗中下手。龙德三年冬天，跟随王彦章在中都作战，失败后被晋军俘获。晋王见到他，笑着对他说：『你可以还给我的玉带了。』嗣彬很恐慌，请求一死，于是被杀。

唐书三十

王镕列传第六

王镕，其先回鹘部人也。远祖没诺干，唐至德中，事镇州节度使王武俊为骑将。武俊嘉其勇干，畜为假子，号王五哥，其后子孙以王为氏。四代祖廷凑，事镇帅王承宗为牙将。长庆初，承宗卒，穆宗命田弘正为成德军节度使。既而镇人杀弘正，推廷凑为留后，朝廷不能制，因以旄钺授之。廷凑卒，子元逵尚文宗女寿安公主。元逵卒，子绍鼎立。绍鼎卒，子景崇立。皆世袭镇州节度使，并前史有传。景崇位至太尉、中书令，封常山王，中和二年卒。

镕即景崇之子也，年十岁，三军推袭父位。大顺中，武皇将李存孝既平邢、洺，因献谋于武皇，欲兼并镇、定，乃连年出师以扰镇之属邑。镕苦之，遣使求救于幽州。自是燕帅李匡威频岁出军，以为镕援。时匡威兵势方盛，以镕冲弱，将有窥图之志。

景福二年春，匡威帅精骑数万，再来赴援，会匡威弟匡俦夺据兄位，匡威退无归路，镕乃延入府第，馆于宝寿佛寺。镕以匡威因己而失国，又感其援助之力，事之如父。五月，镕谒匡威于其馆，匡威阴遣部下伏甲劫镕，抱持之。镕曰：『公戒部人勿造次。吾国为晋人所侵，垂将覆灭，赖公济援之力，幸而获存。今日之事，本所甘心。』即并辔归府舍，镕军拒之，竟杀匡威。镕本疏瘦，时年始十七，当与匡威并辔之时，电雨骤作，屋瓦皆飞。有一人于缺垣中望见镕，镕就之，遽挟于马上，肩之而去。翌日，镕但觉项痛头偏，盖因为有力者所挟，不胜其苦故也。既而访之，则曰墨君和，乃鼓刀之士也，遂厚赏之。

镕既失燕军之援，会武皇出师以逼真定，镕遣使谢罪，出绢二十万匹，乃具牛酒犒军，自是与镕修好如初。洎梁祖兼有山东，虎视天下，镕卑辞厚礼，以通和好。光化三年秋，梁祖将吞河朔，乃亲征镇、定，纵其军燔镇之关城。镕谓宾佐曰：『事急矣，谋其所向。』判官周式者，有口辩，出见梁祖。梁祖盛怒，逆谓式曰：『王令公朋附并汾，违盟爽信，敝赋业已及此，期于无舍！』式曰：『公为唐室之桓、文，当以礼义而成霸业，反欲穷兵黩武，天下其谓公何！』梁祖喜，引式袂而慰之曰：『前言戏之耳。』即送牛酒货币以犒军。式请镕子昭祚及大将梁公儒、李弘规子各一人往质于汴。梁祖以女妻昭祚。及梁祖称帝，镕不得已行其正朔。

其后梁祖常虑河朔悠久难制，会罗绍威卒，因欲除移镇、定。先遣亲军三千，分据镕深、冀二郡，以镇守为名。又遣大将王景仁、李思安率师七万，营于柏乡。镕遣使告急庄宗，庄宗命周德威率兵应之，镕复奉唐朝正朔，称天祐七年。及破梁军于高邑，我军大振，自是遣大将王德明率三十七都从庄宗征伐，收燕降魏，皆预其功，然镕未尝亲军远出。八年七月，镕至承天军，与庄宗合宴同盟，奉觞献寿，以申感慨。庄宗以镕父友，曲加敬异，为之声歌，镕亦报之，谓庄宗为四十六舅。中饮，庄宗抽佩刀断衿为盟，许女妻镕子昭诲，因兹坚附于庄宗矣。

镕自幼聪悟，然仁而不武，征伐出于下，特以作藩数世，专制四州，高屏尘务，不亲军政，多以阉人秉权，出纳决断，悉听所为。皆雕靡第舍，崇饰园池，植奇花异木，递相夸尚。人士皆褒衣博带，高车大盖，以事嬉游，藩府之中，当时为盛。镕宴安既久，惑于左道，专求长生之要，常聚缁黄，合炼仙丹，或讲说佛经，亲受符箓。西山多佛寺，又有王母观，镕增置馆宇，雕饰土木。道士王若讷者，诱镕登山临水，访求仙迹，每一出，数月方归，百姓劳弊。王母观石路既峻，不通舆马，每登行，命仆妾数十人维锦绣牵持而上。有阉人石希蒙者，奸宠用事，为镕所嬖，恒与之卧起。

天祐八年冬十二月，镕自西山回，宿于鹘营庄，将归府第，希蒙劝之佗所。宦者李弘规谓镕曰：『方今晋王亲当矢石，栉沐风雨，王殚供军之租赋，为不急之游盘，世道未夷，人心多梗，久虚府第，远出游从，如乐祸之徒，翻然起变，拒门不纳，则王欲何归！』镕惧，促归。希蒙谮弘规专作威福，多蓄猜防，镕由是复无归志。弘规闻之怒，使亲事偏将苏汉衡率兵擐甲遽至镕前，抽戈露刃谓镕曰：『军人在外已久，愿从王归。』弘规进曰：『石希蒙说王游从，劳弊士庶，又结构阴邪，将为大逆。臣已侦视情状不虚，请王杀之，以除祸本。』镕不听。弘规因命军士聚噪，斩希蒙首抵于前。镕大恐，遂归。是日，令其子昭祚与张文礼以兵围李弘规及行军司马李蔼宅，并族诛之，诖误者凡数十家。又杀苏汉衡，收部下偏将下狱，穷其反状，亲军皆恐，复不时给赐，众益惧。文礼因其反侧，密谕之曰：『王此夕将坑尔曹，宜自图之。』众皆掩泣相谓曰：『王待我如是，我等焉能效忠。』是夜，亲事军十余人，自子城西门逾垣而入，镕方焚香受箓，军士二人突入，断其首，袖之而出，遂焚其府第，烟焰亘天，兵士大乱。镕姬妾数百，皆赴水投火而死。军校有张友顺者，率军人至张文礼之第，请为留后，遂尽杀王氏之族。镕于昭宗朝赐号敦睦保定久大功臣，位至成德军节度使、守太师、中书令、赵王，梁祖加尚书令。初，镕之遇害，不获其尸，及庄宗攻下镇州，镕之旧人于所焚府第灰间方得镕之残骸。庄宗命幕客致祭，葬于王氏故茔。

镕长子昭祚，乱之翌日，张文礼索之，斩于军门。

次子昭诲，当镕被祸之夕，昭诲为军人携出府第，置之地穴十余日，乃髡其发，被以僧衣。属湖南纲官李震南还，军士以昭诲托于震，震置之茶褚中。既至湖湘，乃令依南岳寺僧习业，岁给其费。昭诲年长思归，震即赍送而还。时镕故将符习为汴州节度使，会昭诲来投，即表其事曰：『故赵王王镕小男昭诲，年十余岁遇祸，为人所匿免，今尚为僧，名崇隐，谨令赴阙。』明宗赐衣一袭，令脱僧服。顷之，昭诲称前成德军中军使、检校太傅，诣中书陈状，特授朝议大夫、检校考功郎中、司农少卿，赐金紫。符习因以女妻之。其后，累历少列，周显德中，迁少府监。

【译文】

王镕，他的祖上是回鹘部落人。远祖有位叫没诺干的，在唐朝至德年间，曾在镇州节度使王武俊手下充任骑兵将领。武俊赏识他的勇敢干练，收他为养子，人们管他叫王五哥，从此以后他的子孙就以王为姓了。四世祖叫廷凑，做了镇帅王承宗的牙将。长庆初年，承宗逝世，唐穆宗李恒任命田弘正为成德军节度使。不久，镇州军人杀死了弘正，众人推举廷凑出来担任镇军留后，朝廷节制不了成德军，只得把象征着君权的旌钺授给了他。廷凑逝世，他的儿子元逵娶文宗李昂的女儿寿安公主为妻。元逵死后，儿子绍鼎承袭为镇州节度使。绍鼎死了，儿子景崇又袭立，世世代代做镇州节度使，《唐书》都列有他们的传记。景崇还做了太尉、中书令，被封为常山王，中和二年去世。

王镕就是景崇的儿子。他十岁那年，三军推戴他继承了父亲的官爵。大顺年间，武皇李克用部下的将领李存孝在攻取了邢州、洺州以后，又向武皇献上计谋，打算兼并镇州和定州，于是连年出兵骚扰镇州所辖管的城邑。王镕苦于兵扰，派使者到幽州向燕帅李匡威求援，从此李匡威年年出兵，作为王镕的救援军队。当时匡威兵势正是强盛的时候，因为王镕幼弱，便萌发了吞并镇州的念头。

景福二年春天，匡威率领好几万精锐骑兵，再次南下救援镇州，这时匡威弟匡俦乘哥哥出征的机会，发动兵变，夺取了哥哥的地位，匡威已无归路可退了，王镕这才把他请进府第，安排他住在宝寿佛寺里。王镕觉得匡威是为了救援自己失掉了国家，又感谢他的尽力救援帮助，待他就像父亲一般。五月，王镕到宝寿佛寺去拜谒匡威，匡威暗中布置下伏兵，绑架了他。王镕对匡威说：『您告诫部下的人不要鲁莽。我的国家受到晋人侵扰，眼看就要覆灭了，多亏您的济援功劳，幸运地获得了生存。今天的事，我本来就是甘心情愿的。』于是他和匡威二人并马还归府舍，途中遭到王镕部下军士的拒阻，竟杀死了匡威。王镕本来长得瘦小，这时年龄刚刚十七岁，当他和匡威并马回府的时候，电闪雷鸣，大雨骤然下起来，房顶的瓦都被风卷跑了。有一人从墙垣缺口中看见了王镕，王镕走过来，这人遂把他挟到马上，扛起来就走了。第二天，他只觉着脖子痛，头也歪了，大概是由于被那个有力气人的挟扛，受不了这种痛苦的缘故。以后王镕找到了这位有力气的人，他的名字叫墨君和，是一位操刀的屠夫，于是就重重奖赏了他。

王镕失去了燕军的援助以后，又碰上武皇出兵逼迫真定，王镕派使者向武皇谢罪，拿出二十万匹绢，还备下牛、酒，犒劳晋军，从此武皇与王镕重又和往日一样和好起来。自梁祖朱全忠占据了山东，像猛虎一样窥视着天下，王镕卑言屈膝又赠送厚礼，和他通好。到了光化三年秋天，梁祖打算吞并河朔地区，于是亲自率军征伐镇州、定州，他的军卒烧了镇州的关城。王镕对他的幕僚和部下说：『情况非常紧急！大家出主意，看该怎么办。』有一位判官名叫周式的人，很有口才，出来去见梁祖。梁祖怒气冲冲，反问周式说：『王令公党附并汾的李克用，违背了盟约，背信弃义，我的功业已发展到这等地步，说什么我也不会善罢甘休！』周式说：『令公您是唐室中齐桓公、晋文公式的人物，应当遵照礼仪成就霸业，反倒打算穷兵黩武，让天下的人怎么说您呀！』梁祖高兴起来，拉住周式的袖子，安慰他说：『刚才说的不过是玩笑话。』王镕随即送来牛、酒、货币，犒劳汴军。周式请求把王镕的儿子昭祚和大将梁公儒、李弘规的儿子各一人送到汴梁为人质。梁祖把女儿嫁配给昭祚为妻。到了梁祖称皇帝时，王镕不得已用后梁的年号。

以后梁祖朱全忠常常忧虑河朔地区日子长了难以节制，赶上罗绍威逝世，因打算平定镇州、定州。先派亲兵三千人，分别驻扎在王镕的深、冀二郡，假借镇守的名义。又派大将王景仁、李思安率兵七万人，在柏乡扎营。王镕派使者向后唐庄宗李存勖告急，庄宗李存勖命令周德威率兵接应他，王镕重又奉行唐朝的年号，称作天祐七年。等到周德威在高邑击破后梁的军队，军威大振。李克用又遣大将王德明率领三十七都随从庄宗李存勖征伐朱全忠，收服了燕地，又降服了魏军，王镕都有战功，但他不曾亲率军队远征。天祐八年七月，王镕到了承天军，与庄宗李存勖一起饮宴，共同订立盟约，相互举杯祝寿，叙说情怀。庄宗李存勖因王镕是他父亲的朋友，对他特别尊敬，在宴会上为他唱歌助兴，王镕也用歌唱来酬答，称庄宗为四十六舅。宴饮中间，庄宗李存勖拔出佩刀，割断衣衿与王镕立盟，将女儿许配给王镕的儿子昭诲为妻。从此以后王镕一心一意地依附了庄宗李存勖。

王镕从小就聪明懂事，但是仁懦没有武略，军事征战都是由部下进行的，特别是几代的藩镇割据，专制四州的地盘，养成高高在上不理俗事的作风，他不亲自去处理军政，多用那些阉人执掌政权，各种事情的出入决断，都听从他们的处置。这些阉人的住宅都建造得十分豪华，园池广大美丽，并栽植有奇花异木，而且互相夸耀。他们全都穿着褒衣博带，乘着装有大伞盖的高车，整天以嬉游为事，在当时各藩府之中，王镕是最豪奢的。他过着太平优裕的生活，日子久了，迷上了歪门邪道，专心追求长生不老的养生要道，经常搜罗和尚道士，共同炼制仙丹，有时还听和尚讲说佛教经义，并亲受道士们驱鬼治病的邪术。西山一带有许多佛教寺院，又有道教的王母观，他为这些寺观增建馆宇房舍，把这些土木工程雕饰得十分华丽。有一位名叫王若讷的道士，引诱他登山临水，去访求仙迹，每次外出，几个月才回来，扰得百姓劳疲不堪。通往王母观的石路十分险峻，不能行走马车，每次登行，让仆妾几十人用锦绣丝带牵拉着他往上走。有位名叫石希蒙的阉人，以邪道得到宠幸，专权行事，受到王镕的喜爱，王镕经常和他一块卧起。

天祐八年冬十二月，王镕从西山回来，途中宿在鹘营庄，准备归还府第，希蒙劝他到别的地方去。宦人李弘规对王镕说：『现在晋王亲自去前线作战，以风梳头，以雨洗面，而您竭尽供应军队的租赋，去干那些不急用的游玩，世道还未平稳，人心多有不顺，长期空虚着府第，远道外出游玩，如有唯恐天下不乱的人，一反常态，生出变故来，把您拒绝在门外不让进城，那么您打算回到哪里去！』王镕惧怕起来，催促众人回府。希蒙在他面前诋毁弘规专权，作威作福，又豢养了不少不轨之徒。王镕因此又打消了回府的念头。弘规知道了这件事，恼恨起来，派身边的亲信偏将苏汉衡率兵全副武装突然来到他的面前，拔刀横戈对王镕说：『军人在外从游的日子已经够长了，希望跟从您回府。』弘规走上前说：『石希蒙劝说您在外面游玩，害苦了军人和百姓，他又勾结邪恶势力，想干大逆不道的事情。我已侦察到的情况不假，请您杀死他，除掉祸根。』王镕不听。弘规于是命令军事群集一起大喊大叫，斩下希蒙的头，送到王镕面前，王镕十分害怕，只得回府。就在这一天，王镕命令他的儿子昭祚与张文礼领兵包围了李弘规和行军司马李蔼的住宅，杀了他们全家及同族的人，受连累的共有几十家。又杀死了苏汉衡，把弘规部下的偏将全都投入监狱，追究他们反叛的罪状，那些随从护卫军人都很害怕，王镕还不时地给他们些赏赐，众人益加恐惧了。文礼利用这些军人的不安心理，便偷偷地告诉他们说：『赵王要在今晚把你们坑杀，你们应该自己想办法。』众人都捂着脸哭泣，相互说道：『赵王这样对待我们，我们还怎么能效忠呢？』当天夜里，十多个亲军，从内城西门翻过城墙，进入王府，这时王镕正在府中焚香接受符箓，两个军人突然闪现在他跟前，砍掉他的脑袋，用衣袖掩盖着，逃出王府，于是纵火焚烧了他的府第，火焰冲天，士兵大乱。王镕的姬妾有几百人，全都跳水投火死去。有一位叫张友顺的军校，带领军人来到了张文礼的家，请他出来担任留后，于是将王氏宗族全部杀掉。王镕在唐昭宗朝时，受赐号为敦睦保定久大功臣，官位升到成德军节度使、守太师、中书令、赵王，梁祖朱全忠加官为尚书令。当初，王镕遭到杀害，人们找不见他的尸体，到了后唐庄宗李存勖攻下镇州后，王镕的部下旧人在被焚烧的府第灰堆中间，才找到了王镕的残骸。庄宗李存勖让幕僚宾客进行祭奠，把他的残骸埋葬在王氏的祖坟茔地。

王镕的长子昭祚，在大乱的第二天，被张文礼搜查出来，斩杀于军门旁。

次子昭诲在王镕遭祸的那天晚上，被军人携出府第，藏在地穴里十几天，剃光头发，穿上僧人的衣服。跟从湖南僧官李震回到南方，军士把昭诲托付给李震，李震将昭诲装在茶袋里。到了湖湘后，才让他向南岳寺僧学习佛经，每年都资给他些费用。昭诲长大了，想回北方故里，李震于是送他回来。这时王镕的故将符习做汴州节度使，恰值昭诲前来投奔，随即把他的事情向后唐朝廷表上说明：『已故赵王王镕的小儿子昭诲，十多岁那年遇到祸患，被人藏匿起来才免遭不幸，现今还是僧人，法名崇隐，让他到京城去。』后唐明宗赏赐他衣服一套，让他脱去僧服。不久，昭诲号称前成德军中军使、检校太傅，到中书省陈述自己的身世，被朝廷特别授予朝议大夫、检校考功郎中、司农少卿，赐给金紫印绶。符习于是把女儿许配给他做妻子。后来，累升至寺卿，后周显德年间，转任少府监。

新五代史

梁本纪第一

梁太祖上

太祖神武元圣孝皇帝，姓朱氏，宋州砀山午沟里人也。其父诚，以《五经》教授乡里，生三子，曰全昱、存、温。诚卒，三子贫，不能为生，与其母佣食萧县人刘崇家。全昱无他材能，然为人颇长者。存、温勇有力，而温尤凶悍。

唐僖宗乾符四年，黄巢起曹、濮，存、温亡入贼中。巢攻岭南，存战死。巢陷京师，以温为东南面行营先锋使，攻陷同州，以为同州防御使。是时，天子在蜀，诸镇会兵讨贼。温数为河中王重荣所败，屡请益兵于巢，巢中尉孟楷抑而不通。温客谢瞳说温曰：『黄家起于草莽，幸唐衰乱，直投其隙而取之尔，非有功德兴王之业也，此岂足与共成事哉！今天子在蜀，诸镇之兵日集以谋兴复，是唐德未厌于人也。且将军力战于外，而庸人制之于内，此章邯所以背秦而归楚也。』温以为然，乃杀其监军严实，自归于河中，因王重荣以降。都统王铎承制拜温左金吾卫大将军、河中行营招讨副使，天子赐温名全忠。

中和三年三月，拜全忠汴州刺史、宣武军节度使。四月，诸镇兵破巢，复京师。巢走蓝田。七月丁卯，全忠归于宣武。是岁，黄巢出蓝田关，陷蔡州，节度使秦宗权叛附于巢，遂围陈州。徐州时溥为东南面行营兵马都统，会东诸镇兵以救陈。陈州刺史赵犨亦乞兵于全忠。溥虽为都统而不亲兵。四年，全忠乃自将救犨，率诸镇兵击败巢将黄邺、尚让等。犨以全忠为德，始附属焉。是时，河东李克用下兵太行，渡河，出洛阳，与东兵会击巢。巢已败去，全忠及克用追败之于鄄城。巢走中牟，又败之于王满。巢走封丘，又大败之。巢挺身东走，至泰山狼虎谷，为时溥追兵所杀。九月，天子以全忠为检校司徒、同中书门下平章事，封沛郡侯。光启二年三月，进爵王。义成军乱，逐其节度使安师儒，推牙将张骁为留后，师儒来奔，杀之。遣朱珍、李唐宾陷滑州，以胡真为留后。十二月，徙封吴兴郡王。

自黄巢死，秦宗权称帝，陷陕、洛、怀、孟、唐、许、汝、郑州，遣其将秦贤、卢瑭、张晊攻汴。贤军板桥，晖军北郊，瑭军万胜，环汴为三十六栅。王顾兵少，不敢出。乃遣朱珍募兵于东方，而求救于兖、郓。三年春，珍得万人、马数百匹以归。乃击贤板桥，拔其四栅。又击瑭万胜，瑭败，投水死。宗权闻瑭等败，乃自将精兵数千，栅北郊。五月，兖州朱瑾、郓州朱宣来赴援。王置酒军中，中席，王阳起如厕，以轻兵出北门袭晖，而乐声不辍。晖不意兵之至也，兖、郓之兵又从而合击，遂大败之，斩首二万余级。宗权与晖夜走，过郑，屠其城而去。宗权至蔡，复遣张晖攻汴。王闻晖复来，登封禅寺后冈，望晖兵过，遣朱珍蹑之，戒曰：『晖见吾兵，必止。望其止，当速返，毋与之斗也。』已而晖见珍在后，果止。珍即驰还。王令珍引兵蔽大林，而自率精骑出其东，伏大冢间。晖止而食，食毕，拔旗帜，驰击珍。珍兵小却，王引伏兵横出，断晖军为三而击之。晖大败，脱身走。宗权怒，斩晖。而河阳、陕、洛之兵为宗权守者，闻蔡精兵皆已歼于汴，因各溃去。故诸葛爽将李罕之取河阳、张全义取洛阳以来附。十月，天子使来，赐王纪功碑。朱宣、朱瑾兵助汴，已破宗权东归，王移檄兖、郓，诬其诱汴亡卒以东，乃发兵攻之，取其曹州、濮州。遂遣朱珍攻郓州，大败而还。十二月，天子使来，赐王铁券及德政碑。

淮南节度使高骈死，杨行密入扬州。天子以王兼淮南节度使。王乃表行密为副使，以行军司马李璠为留后。璠之扬州，行密不纳。文德元年正月，王如淮南，至宋州而还。是时，秦宗权陷襄州，以赵德諲为节度使。德諲叛于宗权以来附。天子因以王为蔡州四面行营都统，以德諲为副。

三月庚子，僖宗崩。天雄军乱，囚其节度使乐彦贞。其子相州刺史从训攻魏，来乞兵。遣朱珍助从训攻魏。而魏军杀彦贞，从训战死，魏人立罗弘信，珍乃还。张全义取河阳，逐李罕之。罕之奔于河东。李克用遣兵围河阳，全义来求救，遣丁会、牛存节救之，击败河东兵于沇河。

五月，行营讨蔡州，围之百余日，不克。是时，时溥已为东南面都统，又以王统行营而溥犹称都统，王乃上书，论溥讨蔡无功而不落都统，且欲激怒溥以起兵端。初，高骈死，淮南乱，楚州刺史刘瓒来奔，纳之，及王兵攻蔡不克，还，欲攻徐，乃遣朱珍将兵数千以东，声言送瓒还楚州。溥怒论己，又闻珍以兵来，果出兵拒之。珍战于吴康，大败之，取其丰、萧二县。遂攻宿州，下之。珍屯萧县，别遣庞师古攻徐州。龙纪元年正月，师古败溥于吕梁。淮西牙将申丛执秦宗权，折其足，将槛送京师，别将郭璠杀丛，篡宗权以来献。王遣行军司马李璠献俘于京师，表郭璠淮西留后。

三月，天子封王为东平王。七月，朱珍杀李唐宾，王如萧县，执珍杀之，遂攻徐州。冬，大雨，水，不能军而旋。

初，秦宗权遣其弟宗衡掠地淮南，是岁，宗衡为其将孙儒所杀，儒攻杨行密于扬州。淮南大乱，行密走宣州，儒入扬州。大顺元年春，遣庞师古攻孙儒于淮南，大败而还。四月，宿州将张筠以宿州复归于时溥，王自将攻之，不克。

初，黄巢败走，李克用追之，至于冤朐，不及而旋。过汴，驻军于北郊，王邀克用置酒上源驿，夜以兵攻之。克用逾城而免，讼其事于京师，天子知曲在汴而和解之。至是，宰相张浚私与汴交，王厚之以赂，浚为汴请伐河东。唐诸大臣皆以为不可兴师。浚挟汴力，请益坚。天子不得已，许之。五月，以浚为太原四面行营都统，王为东南面招讨使。然王不亲兵，以兵二千属浚而已。浚屯于阴地。河东叛将冯霸杀潞州守将李克恭来降，遣葛从周入潞州。李克用遣康君立攻之，从周走河阳。九月，王如河阳。十月，天子以王兼宣义军节度使，遂如滑州，假道于魏，以攻河东，且责其军须，亦所以怒魏为兵端也。魏人果以谓非兵所当出，而辞以粮乏，皆不许。于是攻魏。十一月，张浚之师大败于阴地。二年正月，王及魏人战于内黄，大败之，屠故元城，罗弘信来送款。十月，克宿州。十一月，曹州将郭绍宾杀其刺史郭饶来降。十二月，丁会败朱瑾于金乡。景福元年二月，攻郓州，前军朱友裕败于斗门，王军后至，又败而还。冬，友裕取濮州，遂攻徐州。二年四月，庞师古克徐州，杀时溥。王如徐州，以师古为留后，遂攻兖、郓。

乾宁元年二月，王及朱宣战于渔山，大败之。二年八月，又败宣于梁山。十一月，又败之于巨野。兖、郓求救于河东，李克用发兵救之，假道于魏。既而魏人击之，克用怒，大举攻魏。罗弘信来求救，遣葛从周救魏。是岁，李克用封晋王。三年五月，战于洹水，擒克用子落落，送于魏，杀之。七月，凤翔李茂贞犯京师，天子出居于华州。王请以兵赴难，天子优诏止之。又请迁都洛阳，不许。四年正月，庞师古克郓州，王如郓州，以朱友裕为留后。遂攻兖州。朱瑾奔于淮南，以葛从周为兖州留后。九月，攻淮南，庞师古出清口，葛从周出安丰，王军屯于宿州。杨行密遣朱瑾先击清口，师古败死。从周亟返兵，至于湨河，瑾又败之。王惧，驰归。

光化元年三月，天子以王兼天平军节度使。四月，遣葛从周攻晋之山东，取邢、洺、磁三州。襄州赵匡凝自其父德諲时来附，匡凝又与杨行密、李克用通，而其事泄。七月，遣氏叔琮、康怀英攻匡凝，取其泌、随、邓三州。匡凝请和乃止。十二月，李罕之以潞州来降。二年，幽州刘仁恭攻魏，罗绍威来求救。王救魏，败仁恭于内黄。四月，遣氏叔琮攻晋太原，不克。七月，李克用取泽、潞。十一月，保义军乱，杀其节度使王珙，推其牙将李璠为留后，其将朱简杀璠来降。以简为保义军节度使。三年四月，遣葛从周攻刘仁恭之沧州，取其德州，及仁恭战于老鸦堤，大败之。八月，晋取洺州。王如洺州，复取之。是时，镇、定皆附于晋。遂攻镇州，破临城，王镕来送款。进攻定州，王郜奔于晋，其将王处直以定州降。

唐宦者刘季述作乱，天子幽于东宫。天复元年正月，护驾都头孙德昭诛季述，天子复位。封王为梁王。遣张存敬攻王珂于河中，出含山，下晋、绛二州。王珂求救于晋，晋不能救，乃来降。三月，大举攻晋。氏叔琮出太行，取泽、潞。葛从周、张存敬、侯言、张归厚及镇、定之兵，皆会于太原，围之，不克，遇雨而还。五月，天子以王兼河中尹、护国军节度使。六月，晋取慈、隰。

自刘季述等已诛，宰相崔胤外与梁交，欲假梁兵尽诛宦者。而凤翔李茂贞、邠宁王行瑜等皆遣子弟以精兵宿卫天子，宦官韩全诲等亦因恃以为助。天子与胤计事，宦者属耳，颇闻之。乃选美女，内之宫中，阴令伺察其实。久之，果得胤奏谋所以诛宦者之说，全诲等大惧，日夜相与涕泣，思图胤以求全。胤知谋泄，事急，即矫为制，召梁兵入诛宦者。十月，王以宣武、宣义、天平、护国兵七万，至于河中，取同州，遂攻华州，韩建出降。全诲等闻梁王兵且至，即以岐、邠宿卫兵劫天子奔于凤翔。王乃上书言胤所以召之之意。天子怒，罢胤相，责授工部尚书，诏梁兵还镇。王引兵去，攻邠州，屯于三原。邠州节度使杨崇本以邠、宁、庆、衍四州降。崔胤奔于华州。二年春，王退军于河中。

晋攻晋、绛。遣朱友宁击败晋军于蒲县，取汾、慈、隰，遂围太原，不克而还，汾、慈、隰复入于晋。四月，友宁引兵西，至兴平，及李茂贞战于武功，大败之。王兵犯凤翔，茂贞数出战，辄败，遂围之。十一月，鄜坊李周彝以兵救凤翔，王遣孔勍袭鄜州，虏周彝之族，徙于河中，周彝乃降。是时，岐兵屡败，而围久，城中食尽，自天子至后宫，皆冻馁。三年正月，茂贞杀韩全诲等二十人，囊其首，示梁军，约出天子以为解。甲子，天子出幸梁军。遣使者驰召崔胤，胤托疾不至。王使人戏胤曰：『吾未识天子，惧其非是，子来为我辨之。』天子还至兴平，胤率百官奉迎。王自为天子执辔，且泣且行，行十余里，止之。人见者，咸以为忠。己巳，天子至自凤翔，素服哭于太庙而后入，杀宦者七百余人。二月甲戌，天子赐王『回天再造竭忠守正功臣』，以辉王祚为诸道兵马元帅，王为副元帅。王乃留子友伦为护驾指挥使，以为天子卫，引兵东归。天子饯于延喜楼，赐《杨柳枝》五曲。

初，梁兵已西，青州王师范遣其将刘鄩袭据梁兖州。王已还梁，四月，如郓州，遣朱友宁攻青州。师范败之于石楼，友宁死。九月，杨师厚败青人于临朐，取其棣州，师范以青州降，而鄩亦降。友伦击鞠，堕马死。王怒，以为崔胤杀之，遣朱友谦杀胤于京师。其与友伦击鞠者，皆杀之。

自天子奔华州，王请迁都洛阳，虽不许，而王命河南张全义修洛阳宫以待。天祐元年正月，王如河中，遣牙将寇彦卿如京师，请迁都洛阳，并徙长安居人以东。天子行至陕州，王朝于行在，先如东都。是时，六军诸卫兵已散亡，其从以东者，小黄门十数人，打球供奉、内园小儿等二百余人。行至谷水，王教医官许昭远告其谋乱，悉杀而代之，然后以闻。由是，天子左右皆梁人矣。四月甲辰，天子至自西都。是时，晋王李克用、岐王李茂贞、楚王赵匡凝、蜀王王建、吴王杨行密闻梁迁天子洛阳，皆欲举兵讨梁，王大惧。六月，杨崇本复附于岐。王乃以兵如河中，声言攻崇本，遣朱友恭、氏叔琮、蒋玄晖等行弑，昭宗崩。十月，王朝于京师，杀朱友恭、氏叔琮。十一月，攻淮南，取其光州，攻寿州，不克而旋。二年二月，遣蒋玄晖杀德王裕等九王于九曲池。六月，杀司空裴贽等百余人。七月，天子使来，赐王『迎銮纪功碑』。

王欲代唐，使人谕诸镇，襄州赵匡凝以为不可。遣杨师厚攻之，取其唐、邓、复、郢、随、均、房七州。王如襄州，军于汉北。九月，师厚破襄州，匡凝奔于淮南。师厚取荆南，荆南留后赵匡明奔于蜀。遂出光州，以攻寿州，不克。天子卜祀天于南郊，王怒，以为蒋玄晖等欲祈天以延唐。天子惧，改卜郊。十一月辛巳，天子封王为魏王、相国，总百揆。以宣武、宣义、天平、护国、天雄、武顺、佑国、河阳、义武、昭义、武宁、保义、忠义、武昭、武定、泰宁、平卢、匡国、镇国、荆南、忠武二十一军为魏国，备九锡。王怒，不受。十二月，天子以王为天下兵马元帅。王益怒，遣人告枢密使蒋玄晖与何太后私通，杀玄晖而焚之，遂弑太后于积善宫。又杀宰相柳璨，太常卿张延范车裂以徇。天子诏以太后故停郊。

三年春，魏州罗绍威谋杀其牙军，来假兵以虞变，王为发兵北攻刘仁恭之沧州，兵过魏而绍威已杀牙军，其兵之在外者皆叛，据贝、卫、澶、博州，王以兵悉杀之。遂攻沧州，军于长芦。刘仁恭求救于晋。晋人取潞州，王乃旋军。

【译文】

梁太祖神武元圣孝皇帝，姓朱，是宋州砀山午沟里人。他的父亲朱诚，在乡里教授《五经》，生有三个儿子，叫作朱全昱、朱存、朱温。朱诚去世，三个儿子贫困，不能操持生计，和母亲在萧县人刘崇家打工吃饭。朱全昱没有其他才能，然而为人颇有长者风度。朱存、朱温勇猛有力气，而朱温尤其凶狠强悍。

唐僖宗乾符四年，黄巢在曹州、濮州一带起事，朱存、朱温流亡进入贼寇中间。黄巢进攻岭南，朱存战死。黄巢攻陷京城，任命朱温为东南面行营先锋使。朱温攻陷同州，任命为同州防御使。当时天子唐僖宗在蜀地，各路藩镇会合兵马讨伐贼寇。朱温多次被河中节度使王重荣击败，屡次向黄巢请求增兵，黄巢的中尉孟楷压住不通报。朱温门客谢瞳劝说朱温道：『黄家起于草莽之中，侥幸遇上唐朝衰败动乱，只是时机凑巧而取得成功，不是有功劳德行而振兴统一天下的大业，这哪里值得与他共成事业呢！如今天子在蜀地，各外藩镇的军队日益集结来图谋复兴王室，这表明唐室德运还没有被人厌弃啊！况且将军在外拼力作战，庸人在内极力牵制，这是章邯当年背叛秦朝而归附楚王项羽的形势啊！』朱温认为对，于是杀死他的监军严实，自己向河中归附，通过节度使王重荣投降唐朝。诸道行营都统王铎承奉制命授朱温为左金吾卫大将军、河中行营招讨副使，天子唐僖宗赐朱温名为全忠。

中和三年三月，授朱全忠为汴州刺史、宣武军节度使。四月，各路藩镇军队击败黄巢，收复京师。黄巢逃奔蓝田。七月丁卯日，朱全忠返归宣武军节度使治所汴州。这一年，黄巢军队从蓝田关而出，攻陷蔡州，奉国军节度使秦宗权叛唐归附黄巢，于是围困陈州。徐州感化节度使时溥任东南面行营兵马都统，会同东部各藩镇军队来援救陈州。陈州刺史赵犨也向朱全忠乞求援兵。时溥虽然身为都统而不亲自领兵。中和四年，朱全忠就亲自率领军队救援赵犨，统领其他藩镇军队击败黄巢的将领黄邺、尚让等。赵犨感激朱全忠的恩德，开始附属于他。这时候，河东节度使李克用率军南下太行山，渡过黄河，从洛阳而出，与东面军队会合攻击黄巢。黄巢已经战败离去，朱全忠和李克用追赶到郾城击败他。黄巢逃奔中岸，又在王满战败。黄巢逃奔封丘，又被打得大败。黄巢自身向东逃跑，到达泰山狼虎谷，被时溥的追兵杀死。九月，天子唐僖宗封朱全忠为检校司徒、同中书门下平章事，封爵为沛郡侯。唐僖宗光启二年三月，朱全忠晋爵为王。义成军发生叛乱，驱逐节度使安师儒，推举牙将张骁为义成留后，安师儒前来投奔，朱全忠杀了他。朱全忠派遣朱珍、李唐宾攻陷滑州，任命胡真为义成留后。十二月，朱全忠改封为吴兴郡王。

自从黄巢死后，秦宗权自称皇帝，攻陷陕州、洛州、怀州、孟州、唐州、许州、汝州、郑州，派遣他的将领秦贤、卢瑭、张晊进攻汴州。秦贤进军到板桥，张晊进军到汴州北郊，卢瑭进军到万胜，环绕汴州城安扎三十六座营寨。吴兴郡王朱全忠顾忌兵力单薄，不敢出击，于是派遣朱珍到东方招募兵员，同时向兖州、郓州求救。光启三年春天，朱珍募集得兵员一万人、马几百匹而归来。于是进攻板桥的秦贤部，攻拔他的四座营寨。又进攻万胜的卢瑭部，卢瑭战败，投水而死。秦宗权听说卢瑭等部兵败，就亲自率领精兵几千人，在汴州北郊安扎营寨。五月，兖州朱瑾、郓州朱宣前来赶赴救援。吴兴郡王在军中设置酒宴，酒席中间，吴兴郡王假装上厕所，率领轻骑兵出北门袭击张晊，而宴席的鼓乐之声没有停止。张晊不料军队会到达，兖州、郓州的军队又随之合力夹击，于是大败张晊部，斩首二万多级。秦宗权和张晊当夜逃跑，经过郑州，屠杀郑州百姓而后离开。秦宗权到达蔡州，又派遣张晊进攻汴州。吴兴郡王听说张晊又来，登上封禅寺后面山冈，望见张晊军队经过，派遣朱珍跟踪，告诫说：『张晊看到我们的军队，一定会停止前进。望见他们停止前进，应当急速返回，不要和他交战。』不久张晊看到朱珍军队在后面，果然停止前进。朱珍立即奔驰返回。吴兴郡王命令朱珍领兵隐蔽在大树林，而自己率领精锐骑兵从东面出来，埋伏在大山之间。张晊停下来吃饭，吃完饭，拔起旗帜，奔驰攻击朱珍军队。朱珍军队稍稍退却，吴兴郡王率领埋伏军队横向出击，将张晊军队断为三截而攻击他。张晊大败，自己脱身逃跑。秦宗权大怒，斩杀张晊。而为秦宗权守卫河阳、陕州、洛州的军队，叫说蔡州的精锐部队已经在汴州被歼，因此各自溃散离去。原诸葛爽的将领李罕之取得河阳、张全义取得洛阳前来归附。十月，天子唐僖宗的使者来到，赐给吴兴郡王纪功碑。朱宣、朱瑾军队帮助汴州，已经打败秦宗权向东返回，吴兴郡王移传檄文声讨兖州、郓州，诬陷他们引诱汴州逃亡士兵往东，就调发军队进攻，取得曹州、濮州。接着派遣朱珍进攻郓州，结果大败而归。十二月，天子唐僖宗的使者来到，赐给吴兴郡王铁券和德政碑。

淮南节度使高骈死去，杨行密进入扬州。天子唐僖宗任命吴兴郡王兼淮南节度使。吴兴郡王于是上表荐举杨行密为节度副使，任命行军司马李璠为留后。李璠前往扬州，杨行密不接纳他。唐僖宗文德元年正月，吴兴郡王前往淮南，到达宋州而返回。当时，秦宗权攻陷襄州，任命赵德諲为节度使。赵德諲背叛秦宗权而来归附。天子唐僖宗因此任命吴兴郡王为蔡州四面行营都统，任命赵德諲为副都统。

三月庚子日，唐僖宗去世。天雄军发生叛乱，囚禁天雄节度使乐彦贞。乐彦贞的儿子相州刺史乐从训进攻魏州，前来求讨援兵。吴兴郡王派遣朱珍援助乐从训进攻魏州。但魏州军队杀死乐彦贞，乐从训战死，魏州人拥立罗弘信，朱珍于是返回。张全义取得河阳，驱逐李罕之。李罕之逃奔到河东。李克用派兵包围河阳，张全义前来求救，吴兴郡王派遣丁会、牛存节救援他，在沇河击败河东军队。

五月，各路行营讨伐蔡州，包围蔡州城一百多天，没有攻克。这时候，时溥已担任东南面都统，又任命吴兴郡王统领各路行营而时溥仍然称都统，吴兴郡王于是上书朝廷，弹劾时溥讨伐蔡州没有功劳而不除去都统之职，并且想要激怒时溥而挑起战争事端。当初，高骈死后，淮南大乱，楚州刺史刘瓒前来投奔，接纳了他，及至吴兴郡王攻打蔡州不下，便返回，准备进攻徐州，就派遣朱珍领兵数千人向东，声称护送刘瓒返回楚州。时溥恼怒吴兴郡王弹劾自己，又听说朱珍领兵前来，果真出兵抵抗。朱珍在吴康交战，大败时溥军队，攻取他的丰、萧二县。于是进攻宿州，攻下宿州。朱珍驻守萧县，另外派遣庞师古进攻徐州。唐昭宗龙纪元年正月，庞师古在吕梁击败时溥。淮西牙将申丛抓获秦宗权，打断他的脚，准备用囚车送往京师；别将郭璠杀死申丛，夺取秦宗权前来献上。吴兴郡王派遣行军司马李璠到京师献俘虏，上表荐举郭璠为淮西留后。三月，天子唐昭宗封吴兴郡王为东平王。七月，朱珍杀死李唐宾，东平王前往萧县，拘捕朱珍而杀了他，于是进攻徐州。冬天，下大雨，发大水，不能进兵而返回。

当初，秦宗权派遣他的弟弟秦宗衡抢掠淮南土地，这一年，秦宗衡被他的部将孙儒杀死，孙儒前往扬州进攻杨行密。淮南大乱，杨行密逃奔宣州，孙儒进入扬州。唐昭宗大顺元年春天，东平王派遣庞师古到淮南攻打孙儒，大败而归。四月，宿州将领张筠率宿州重新归附时溥，东平王亲自领兵攻打宿州，没有攻克。

当初，黄巢兵败逃跑，李克用追赶，到达冤朐，没有追上而返回。路过汴州，在城北郊外驻军，东平王在上源驿馆设置酒宴邀请李克用，夜晚却领兵进攻他。李克用越墙逃跑而免一死，到京师对此事提起诉讼，天子唐昭宗明知汴州理亏而进行和解。到这时，宰相张浚私下与汴州结交，东平王厚加贿赂，张浚替汴州请求讨伐河东李克用。唐朝廷众大臣都认为不应当兴师出兵。张浚挟持汴州力量，请求越发坚决。天子唐昭宗不得已，准许张浚之请。五月，任命张浚为太原四面行营都统，东平王为东南面招讨使。然而东平王不亲自领兵，只将两千军队交给张浚而已。张浚驻扎在阴地。河东叛将冯霸杀死潞州守将李克恭前来投降，派遣葛从周进入潞州。李克用派遣康君立攻打潞州，葛从周逃奔河阳。九月，东平王前往河阳。十月，天子唐昭宗任命东平王兼宣义节度使，于是前往滑州，向魏州借路，来进攻河东，并且求取军饷，也为了激怒魏州制造兵争事端。魏州人果真认为不应当出兵，同时以粮食缺乏推却，全都不答应。于是进攻魏州。十一月，张浚的军队在阴地大败。唐昭宗大顺二年正月，东平王与魏人在内黄交战，大败魏人，屠杀原元城，罗弘信派人来表示归顺。十月，攻克宿州。十一月，曹州将领郭绍宾杀死曹州刺史郭饶前来投降。十二月，丁会在金乡击败朱瑾。唐昭宗景福元年二月，进攻郓州，前头部队朱友裕在斗门战败，东平王率领军队随后到达，又战败而返回。冬天，朱友裕取得濮州，于是进攻徐州。唐昭宗景福二年四月，庞师古攻克徐州，杀死时溥。东平王前往徐州，任命庞师古为留后，于是进攻兖州、郓州。

唐昭宗乾宁元年二月，东平王同朱宣在渔山交战，大败朱宣。乾宁二年八月，又在梁山击败朱宣。十一月，又在巨野击败朱宣。兖州、郓州向河东求救，李克用发兵救援他们，向魏州借路。不久魏人攻击河东，李克用发怒，大举进攻魏州。罗弘信前来请求救援，东平王派遣葛从周救援魏州。这一年，李克用被封为晋王。乾宁三年五月，在洹水作战，擒获李克用的儿子李落落，送到魏州，杀死他。七月，凤翔节度使李茂贞侵犯京师，天子唐昭宗出京居住在华州。东平王请示率军队赶赴京城救难，天子唐昭宗下诏优抚制止出兵。又请求将京都迁到洛阳，没有准许。乾宁四年正月，庞师古攻克郓州，东平王前往郓州，任命朱友裕为郓州留后。于是进攻兖州。朱瑾逃奔到淮南，任命葛从周为兖州留后。九月，进攻淮南，庞师古从清口出兵，葛从周从安丰出兵，东平王进军驻扎在宿州。杨行密派遣朱瑾先攻击清口，庞师古战败身亡。葛从周急忙率兵返回，到达淠河，朱瑾又击败葛从周。东平王感到恐惧，飞驰返归。

唐昭宗光化元年三月，天子任命东平王兼天平军节度使。四月，东平王派遣葛从周进攻晋王的山东一带，夺取邢州、洺州、磁州三州。襄州赵匡凝自从他父亲赵德諲时前来归附，但赵匡凝又私下同杨行密、李克用交往，而这事情泄露。七月，东平王派遣氏叔琮、康怀英进攻赵匡凝，夺取他的泌、随、邓三州。赵匡凝求和才罢休。十二月，李罕之率潞州前来投降。光化二年，幽州节度使刘仁恭进攻魏州，罗绍威前来请求救援。东平王出兵救援魏州，在内黄击败刘仁恭。四月，派遣氏叔琮进攻晋太原，没有攻克。七月，李克用夺取泽州、潞州。十一月，保义军叛乱，杀死节度使王珙，推举牙将李璠为保义留后，保义将领朱简杀死李璠前来投降。任命朱简为保义军节度使。光化三年四月，东平王派遣葛从周进攻刘仁恭的沧州，取得他的德州，同刘仁恭在老鸦堤交战，大败刘仁恭。八月，晋王取得洺州。东平王前往洺州，又收复洺州。当时，镇州、定州都归附于晋王。于是进攻镇州，攻破临城，王镕前来献表归顺。进兵攻打定州，王郜逃奔到太原，王郜的将领王处直率定州投降。

唐朝宦官刘季述发动叛乱，天子唐昭宗被幽禁在东宫。唐昭宗天复元年正月，护驾都头孙德昭诛杀刘季述，天子恢复帝位。封东平王为梁王。梁王派遣张存敬向河中进攻王珂，从含山出兵，攻下晋、绛二州。王珂向晋王求救，晋王未能救援，于是前来投降。三月，梁王大举进攻晋王。氏叔琮从太行出兵，取得泽州、潞州。葛从周、张存敬、侯言、张归厚以及镇州、定州的军队，都会合到太原，包围太原，没有攻克，遇天下雨而返回。五月，天子任命梁王兼河中尹、护国军节度使。六月，晋王取得慈州、隰州。

自从刘季述等人已被诛杀，宰相崔胤与朝外梁王交结，打算利用梁王军队杀尽宦官。凤翔节度使李茂贞、邠宁节度使王行瑜等都派遣子弟率领精兵值宿护卫天子，宦官韩全诲等也乘机依仗他们作为援助。天子与崔胤计议政事，宦官耳目相接，听说不少情况。宦官于是选送美女，安插在宫中，暗中让她们监视天子的动静。过了一段时间，果然，获得崔胤奏陈图谋诛杀宦官的计划，韩全诲等人大为惊恐，日夜相互一起流泪哭泣，想法对付崔胤来企求保全自己。崔胤得知密谋泄露，事情紧急，立即假造制令，召梁王军队入京诛杀宦官。十月，梁王率宣武、宣义、天平、护国四镇七万军队，到达河中，取得同州，于是进攻华州，韩建出城投降。韩全诲等听说梁王军队将要到达，立即用岐州、邠州的值宿警卫部队劫持天子逃奔到凤翔。梁王于是上书陈述崔胤召见自己来的意思。天子发怒，罢免崔胤的宰相职务，斥责贬授工部尚书，诏令梁王军队返回藩镇。梁王领兵离去，进攻邠州，在三原驻扎。邠州节度使杨崇本率邠、宁、庆、衍四州投降。崔胤逃奔到华州。天复二年春天，梁王退兵到河中。晋王进攻晋州、绛州。梁王派遣朱友宁出击，在蒲县打败晋王军队，夺取汾州、慈州、隰州，于是围攻太原，没有攻克而返回，汾州、慈州、隰州又落入晋王之手。

四月，朱友宁领兵西进，到达兴平，与李茂贞在武功交战，大败李茂贞。梁王军队进犯凤翔，李茂贞多次出城迎战，都战败，梁王军队于是围困凤翔。十一月，鄜坊节度使李周彝领兵救援凤翔，梁王派遣孔勍袭击鄜州，俘虏李周彝家族，将他们迁徙到河中，李周彝于是投降。当时，岐州军队屡遭战败，而且围城已久，凤翔城中粮食耗尽，从天子直至后宫嫔妃，都受冻挨饿。天复三年正月，李茂贞杀死韩全诲等二十人，将首级装入口袋，给梁王军队看，约定放出天子来作为和解条件。甲子日天子出城到达梁王军中。梁王派遣使者骑马奔驰召见崔胤，崔胤推托有病不来。梁王派人对崔胤开玩笑说：『我不认识天子，恐怕来人不是真的，您来替我辨认天子。』天子返回到达兴平，崔胤率领文武百官迎接。梁王亲自为天子牵马缰绳，一边流泪一边行走，走了十几里，才止步。人们看见这情形，都认为梁王忠诚。己巳日，天子从凤翔到达长安，穿着素服哭拜太庙然后入宫，杀死宦官七百多人。二月甲戌日，天子赐梁王为『回天再造竭忠守正功臣』，任命辉王李祚为诸道兵马元帅，梁王为副元帅。梁王于是留下儿子朱友伦为护驾指挥使，作为天子卫戍将领，自己领兵向东返归。天子在延喜楼为梁王饯行，赐给《杨柳枝》五支曲。

当初，梁王军队向西进发，青州节度使王师范派遣他的将领刘鄩袭击占据梁王的兖州。梁王返回大梁，四月，前往郓州，派遣朱友宁进攻青州。王师范在石楼击败梁兵，朱友宁战死。九月，杨师厚在临朐击败青州军队，取得棣州，王师范率青州投降，而后刘鄩也投降。朱友伦击球，从马上摔下来死去。梁王发怒，以为是崔胤杀死，派遣朱友谦在京师杀死崔胤。那些与朱友伦打马球的人，全部杀死。

自从天子逃奔到华州，梁王便请求将都城迁到洛阳，虽然天子不准许，但梁王还是命令河南张全义修建洛阳宫殿来等待迁都。唐昭宗天祐元年正月，梁王前往河中，派遣牙将寇彦卿前往京师，请求迁都洛阳，同时将长安居民往东迁移。天子出行到达陕州，梁王至天子出行所在地朝见，先迁往东都洛阳。这时，六军各卫士兵已经散失逃亡，随从天子东进的，只有小黄门十几人，打马球的供奉人员、宫禁小厮等二百多人。走到谷水岸边，梁王唆使医官许昭远告发他们密谋作乱，全部杀死而派人替代他们，事后才奏报天子。从此，天子左右都是梁王的人了。四月甲辰日，天子从西都长安到达洛阳。当时，晋王李克用、岐王李茂贞、楚王赵匡凝、蜀王王建、吴王杨行密听说梁王将天子迁居洛阳，都准备发兵讨伐梁王，梁王大为恐惧。六月，杨崇本又归附岐王李茂贞，梁王于是领兵前往河中，声称进攻杨崇本，派遣朱友恭、氏叔琮、蒋玄晖等行刺天子，唐昭宗去世。十月，梁王到京师朝见昭宣帝，杀死朱友恭、氏叔琮。十一月，进攻淮南，取得光州，又进攻寿州，没能攻克而返回。唐昭宣帝天祐二年二月，梁王派遣蒋玄晖在九曲池杀死德王李裕等九王。六月，杀死司空裴贽等一百多人。七月，天子使者来到，赐梁王『迎銮纪功碑』。

梁王打算取代唐室，让人告知各藩镇，襄州节度使赵匡凝认为不可以。梁王派遣杨师厚进攻赵匡凝，取得他的唐、邓、复、郢、随、均、房七州。梁王前往襄州，进军到汉水北岸。九月，杨师厚攻破襄州，赵匡凝逃奔到淮南。杨师厚取得荆南，荆南留后赵匡明逃奔到蜀。梁王于是从光州城外出发，进攻寿州，没有攻克。天子占卜日子到南郊祭天，梁王发怒，认为蒋玄晖等人想祈求上天来延续唐室国运。天子害怕，另外占卜祭天的日子。十一月辛巳日，天子唐昭宣帝封梁王为魏王、相国，总理百官。将宣武、宣义、天平、护国、天雄、武顺、佑国、河阳、义武、昭义、武宁、保义、忠义、武昭、武定、泰宁、平卢、匡国、镇国、荆南、忠武二十一军作为魏国，准备九锡之礼。梁王发怒，不接受。十二月，天子任命魏王为天下兵马元帅。梁王益发恼怒，派人告发枢密使蒋玄晖与何太后私通，杀死蒋玄晖然后焚烧尸体，接着在积善宫杀死何太后。又杀死宰相柳璨，太常卿张廷范被车裂示众。天子下诏因太后的缘故停止祭天。

唐昭宣帝天祐三年春天，魏州节度使罗绍威密谋杀灭他的牙军，前来借兵以防备变故，梁王为之发兵向北进攻刘仁恭的沧州，军队经过魏州时罗绍威已经消灭牙军，他在外的军队全都叛变，占据了贝州、卫州、澶州、博州，梁王领兵全部攻杀他们。于是进攻沧州，驻扎在长芦。刘仁恭向晋王求救。晋人取得潞州，梁王才撤回军队。

周本纪第十二

周世宗

世宗睿武孝文皇帝，本姓柴氏，邢州龙冈人也。柴氏女适太祖，是为圣穆皇后。后兄守礼子荣，幼从姑长太祖家，以谨厚见爱，太祖遂以为子。太祖后稍贵，荣亦壮，而器貌英奇，善骑射，略通书史黄老，性沈重寡言。太祖为汉枢密使，荣为左监门卫大将军，太祖镇天雄，荣领贵州刺史、天雄军牙内都指挥使。

乾祐三年冬，周兵起魏，犯京师，留荣守魏。太祖入立，拜澶州刺史、镇宁军节度使，检校太傅、同中书门下平章事。荣素为枢密使王峻所忌，广顺三年正月来朝，不得留。既而峻有罪诛，三月，拜荣开封尹，封晋王。是冬，卜以来年正月朔旦有事于南郊，而太祖遇疾，不能视朝者久之。

显德元年正月丙子，郊，仅而成礼，即以王判内外兵马事。壬辰，太祖崩，秘不发丧。丙申，发丧，皇帝即位于柩前。右监门卫大将军魏仁浦为枢密副使。

二月庚戌，回鹘遣使者来。丁卯，冯道为大行皇帝山陵使，太常卿田敏为礼仪使，兵部尚书张昭为卤簿使，御史中丞张煦为仪仗使，开封少尹权判府事王敏为桥道顿递使。汉人来讨，攻自潞州。

三月辛巳，大赦。癸未，郑仁诲留守东京。乙酉，如潞州以攻汉。壬辰，次泽州，阅兵于北郊。癸巳，及刘旻战于高原，败之，追及于高平，又败之。丁酉，幸潞州。己亥，侍卫马军都指挥使樊爱能、步军都指挥使何徽伏诛。

壬寅，天雄军节度使符彦卿为河东行营都部署。

夏四月乙卯，葬神圣文武恭肃孝皇帝于嵩陵。汾州防御使董希颜叛于汉来附。丙辰，辽州刺史张汉超叛于汉来附。辛酉，取岚、宪州。壬戌，立卫国夫人符氏为皇后。取石、沁州。乙丑，冯道薨。庚午，赦潞州流罪以下囚。如太原。忻州监军李勍杀其刺史赵皋，叛于汉来附。

五月丙子，代州守将郑处谦叛于汉来附，契丹救汉。丁酉，回鹘使因难敌略来。符彦卿及契丹战于忻口，败绩，先锋都指挥使史彦超死之。

六月乙巳，班师。乙丑，次新郑，遂拜嵩陵。庚午，至自太原。

秋七月庚辰，阅稼于南御庄。癸巳，枢密院直学士、工部侍郎景范为中书侍郎、同中书门下平章事，魏仁浦为枢密使。

冬十月甲辰，杀左羽林大将军孟汉卿。

二年春二月，御札求直言。

夏五月辛未，宣徽南院使向训、凤翔节度使王景伐蜀。甲戌，大毁佛寺，禁民亲无侍养而为僧尼及私自度者。

秋九月丙寅朔，颁铜禁。

闰月癸丑，向训克秦州。

冬十月辛未，取成州。戊寅，高丽使王子太相融来。取阶州。

十一月乙未朔，李谷为淮南道行营都部署以伐唐。戊申，王景克凤州。

十二月丙戌，郑仁诲薨。

三年春正月，增筑京城。庚子，向训留守东京。壬寅，南征。辛亥，侍卫亲军都指挥使李重进及唐人战于正阳，败之。甲寅，重进为淮南道行营都招讨使。

二月丙寅，幸下蔡浮桥。壬申，克滁州。甲戌，李景来求成，不答。壬午，景使其臣钟谟来奉表。丙戌，取扬州。辛卯，取泰州。

三月庚子，内外马步军都军头袁彦为竹龙都部署。是月，取光、舒、常州。

夏四月，常、泰州复入于唐。

五月乙卯，至自淮南，赦京师囚。

六月壬申，德音赦淮南囚。
秋七月，皇后崩。扬、光、舒、滁州复入于唐。
八月乙丑，课民种木及韭。
九月丙午，端明殿学士、左散骑常侍王朴为尚书户部侍郎、枢密副使。
冬十月辛酉，葬宣懿皇后于懿陵。
十一月庚寅，废诸祠不在祀典者。乙巳，杀李景之臣孙晟。
四年春正月己丑朔，赦非死罪囚。
二月甲戌，王朴留守东京。乙亥，南征。
三月丁未，克寿州。
夏四月己巳，至自寿州。己卯，放降卒八百归于蜀。癸未，追册彭城郡夫人刘氏为皇后。
五月丙申，杀密州防御使侯希进。
秋八月乙亥，李谷罢，王朴为枢密使。癸未，蜀人来归我濮州刺史胡立。
冬十月己巳，王朴留守东京，三司使张美为大内都点检。壬申，南征。
十二月乙卯，泗州守将范再遇叛于唐，以其州来降。庚申，濠州团练使郭廷谓以其州来降。丁丑，取泰州。
五年春正月丁亥，取海州。壬辰，取静海军。丁未，克楚州，守将张彦卿、郑昭业死之。
二月甲寅，取雄州。丁卯，如扬州。癸酉，如瓜洲。
三月壬午朔，如泰州。丁亥，复如扬州。辛卯，幸迎銮。己亥，克淮南十有四州，以江为界。三月辛亥，李景来买宴。
四月庚申，祔五室神主于新庙。壬申，至自淮南，回鹘、达靼遣使来。
六月辛未，放降卒四千六百于唐。

秋七月乙酉，水部员外郎韩彦卿市铜于高丽。丁亥，颁《均田图》。

九月，占城国王释利因德缦使莆诃散来。

冬十月丁酉，括民租。

十一月庚戌，作《通礼》《正乐》。

十二月丙戌，罢州县课户、俸户。

六年春正月，高丽王昭遣使者来。辛酉，女真使阿辨来。

三月己酉，甘州回鹘来献玉，却之。庚申，王朴薨。丙寅，宣徽南院使吴延祚留守东京。癸酉，停给铜鱼。甲戌，北征。是月，吴延祚为左骁卫上将军、枢密使。

夏四月壬辰，取乾宁军。辛丑，取益津关，以为霸州。癸卯，取瓦桥关，以为雄州。

五月乙巳朔，取瀛洲。甲戌，至自雄州。

六月癸未，立皇后符氏，封子宗训为梁王、宗让燕国公。戊子，占城使莆诃散来。己丑，范质、王溥参知枢密院事，魏仁浦同中书门下平章事。癸巳，皇帝崩于滋德殿。

恭皇帝，世宗第四子宗训也。世宗即位，大臣请封皇子为王，世宗谦抑久之。及北取三关，遇疾还京师，始封宗训梁王，时年七岁。

显德六年六月癸巳，世宗崩。甲午，皇帝即位于柩前。癸卯，范质为大行皇帝山陵使，翰林学士窦俨为礼仪使，兵部尚书张昭为卤薄使，御史中丞边归谠为仪仗使，宣徽南院使、判开封府事昝居润为桥道顿递使。

秋七月丁未，户部尚书李涛为山陵副使，度支郎中卢亿为判官。

八月庚寅，封弟熙让为曹王，熙谨纪王，熙诲蕲王。壬寅，高丽遣使者来。

九月丙寅，左骁卫大将军戴交使于高丽。

冬十一月壬寅，葬睿武孝文皇帝于庆陵。高丽遣使者来。

七年春正月甲辰，逊于位。宋兴。

呜呼，五代本纪备矣！君臣之际，可胜道哉。梁之友珪反，唐戕克宁而杀存乂、从璨，则父子骨肉之恩几何其不绝矣。太妃薨而辍朝，立刘氏、冯氏为皇后，则夫妇之义几何其不乖而不至于禽兽矣。寒食野祭而焚纸钱，居丧改元而用乐，杀马延及任圜，则礼乐刑政几何其不坏矣。至于赛雷山、传箭而扑马，则中国几何其不夷狄矣。可谓乱世也欤！而世宗区区五六年间，取秦陇，平淮右，复三关，威武之声震慑夷夏，而方内延儒学文章之士，考制度、修《通礼》、定《正乐》、议《刑统》，其制作之法皆可施于后世。其为人明达英果，论议伟然。即位之明年，废天下佛寺三千三百三十六。是时中国乏钱，乃诏悉毁天下铜佛像以铸钱，尝曰：『吾闻佛说以身世为妄，而以利人为急，使其真身尚在，苟利于世，犹欲割截，况此铜像，岂其所惜哉？』由是群臣皆不敢言。尝夜读书，见唐元稹《均田图》，慨然叹曰：『此致治之本也，王者之政自此始！』乃诏颁其图法，使吏民先习知之，期以一岁大均天下之田，其规为志意岂小哉！其伐南唐，问宰相李谷以计策；后克淮南，出谷疏，使学士陶谷为赞，而盛以锦囊，尝置之坐侧。其英武之材可谓雄杰。及其虚心听纳，用人不疑，岂非所谓贤主哉！其北取三关，兵不血刃，而史家犹讥其轻社稷之重，而侥幸一胜于仓卒，殊不知其料强弱、较彼我而乘述律之殆，得不可失之机，此非明于决胜者，孰能至哉？诚非史氏之所及也！

【译文】

周世宗睿武孝文皇帝，原姓柴，是邢州龙冈人。柴氏之女嫁给周太祖，这就是圣穆皇后。皇后的哥哥柴守礼之子柴荣，自幼随从姑姑在周太祖家长大，因恭谨忠厚受到宠爱，周太祖就收养他作为儿子。周太祖后来逐渐尊贵，郭荣也长大成人，资质相貌英武超群，善于骑马射箭，大略通晓书籍历史、黄老之学，性格沉静持重、寡言少语。周太祖任汉枢密使，郭荣任左监门卫大将军；周太祖镇守天雄军时，郭荣任贵州刺史、天雄军牙内都指挥使。

汉隐帝乾祐三年冬天，周太祖军队从魏州起兵，进犯京师，留郭荣镇守魏州。周太祖进入京师立为皇帝，授郭荣为澶州刺史、镇宁军节度使、检校太傅、同中书门下平章事。郭荣素来被枢密使王峻所忌恨，周太祖广顺三年正月来京朝见，不准留住。不久王峻犯罪被杀，三月，周太祖授郭荣为开封尹，封为晋王。这年冬天，占卜选定于来年正月初一到南郊祭天，但周太祖染病，不能上朝理政有很长时间。

周太祖显德元年正月丙子日，祭天，太祖只能勉强行礼而已，立即任命晋王总领内外兵马军事。壬辰日，周太祖去世，封锁消息不发丧。丙申日，发布丧事，郭荣在太祖灵柩前即皇帝位。右监门卫大将军魏仁浦任枢密副使。

二月庚戌日，回鹘派遣使者前来。丁卯日，任命冯道为大行皇帝山陵使，太常卿田敏为礼仪使，兵部尚书张昭为卤簿使，御史中丞张煦为仪仗使，开封少尹权判府事王敏为桥道顿递使。北汉军队前来讨伐，从潞州方向发起进攻。

三月辛巳日，实行大赦。癸未日，任命郑仁诲为东京留守。乙酉日，周世宗前往潞州去攻伐北汉。壬辰日，在泽州住下，到城北郊外检阅军队。癸巳日，与北汉将领刘旻在野外高原交战，击败北汉军队，追到高平，又击败敌军。丁酉日，周世宗亲临潞州。己亥日，侍卫马军都指挥使樊爱能、步军都指挥使何徽伏法诛杀。壬寅日，任命天雄军节度使符彦卿为河东行营都部署。

夏天四月乙卯日，将神圣文帝恭肃孝皇帝安葬在嵩陵。汾州防御使董希颜背叛北汉前来归附。丙辰日，辽州刺史张汉超背叛北汉前来归附。辛酉日，取得岚州、宪州。壬戌日，册立卫国夫人符氏为皇后。攻取石州、沁州。乙丑日，冯道去世。庚午日，赦免潞州流放罪以下的囚犯。周世宗前往太原。忻州监军李勍杀死本州刺史赵皋，背叛北汉前来归附。

五月丙子日，代州守将郑处谦背叛北汉前来归附，契丹出兵救援北汉。丁酉日，回鹘使者因难敌略前来。符彦卿与契丹军队在忻口交战，失利，先锋都指挥使史彦超战死。

六月乙巳日，周世宗从太原回师。乙丑日，住宿新郑，于是拜谒嵩陵。庚午日，从太原到达大梁。

秋天七月庚辰日，周世宗到南御庄视察庄稼。癸巳日，任命枢密院直学士、工部侍郎景范为中书侍郎、同中书门下平章事，魏仁浦为枢密使。

冬天十月甲辰日，周世宗下令杀死左羽林大将军孟汉卿。
周世宗显德二年春天二月，下诏书征求直言。
夏天五月辛未日，宣徽南院使向训、凤翔节度使王景攻伐后蜀。甲戌日，下诏书大毁佛教寺院，禁止百姓父母无人奉养而去当和尚、尼姑以及私自出家。
秋天九月丙寅初一，颁布私自铸造铜器的禁令。
闰九月癸丑日，向训攻克秦州。
冬天十月辛未日，取得成州。戊寅日，高丽派遣王子太相融前来。取得阶州。
十一月乙未初一，任命李谷为淮南道行营都部署来攻伐南唐。戊申日，王景攻克凤州。
十二月丙戌日，郑仁诲去世。
周世宗显德三年春天正月，扩建京城大梁。庚子日，任命向训为东京留守。壬寅日，周世宗南下出征。辛亥日，侍卫亲军都指挥使李重进与南唐军队在正阳交战，大败唐人。甲寅日，任命李重进为淮南道行营都招讨使。
二月丙寅日，周世宗亲临下蔡浮桥。壬申日，攻克滁州。甲戌日，南唐君主李景派使来求和，不予答复。壬午日，李景派他的大臣钟谟前来奉致表书。丙戌日，取得扬州。辛卯日，取得泰州。
三月庚子日，任命内外马步军都军头袁彦为竹龙都部署。当月，取得光州、舒州、常州。
夏天四月，常州、泰州又落入南唐。
五月乙卯日，周世宗从淮南到达大梁，赦免京师囚犯。
六月壬申日，颁诏布施恩德赦免淮南囚犯。
秋天七月，皇后符氏去世。扬州、光州、舒州、滁州又落入南唐。
八月乙丑日，征百姓种树和种韭菜的税。

九月丙午日，任命端明殿学士、左散骑常侍王朴为尚书户部侍郎、枢密副使。

冬天十月辛酉日，将宣懿皇后安葬在懿陵。

十一月庚寅日，废除各种不见于祭祀典册的祠庙。乙巳日，杀死南唐君主李景的臣子孙晟。

周世宗显德四年春天正月己丑初一，赦免不是死罪的囚犯。

二月甲戌日，命王朴留守东京。乙亥日，周世宗南下出征。

三月丁未日，攻克寿州。

夏天四月己巳日，从寿州到达大梁。己卯日，释放投降的八百士卒回归后蜀。癸未日，追封彭城郡夫人刘氏为皇后。

五月丙申日，杀死密州防御使侯希进。

秋天八月乙亥日，李谷免去相职，王朴任枢密使。癸未日，后蜀前来送回前濮州刺史胡立。

冬天十月己巳日，王朴任东京留守，三司使张美任大内都点检。壬申日，周世宗南下出征。

十二月乙卯日，泗州守将范再遇背叛南唐，率泗州前来降附。庚申日，濠州团练使郭廷谓率领濠州前来降附。

丁丑日，取得泰州。

周世宗显德五年春天正月丁亥日，取得海州。壬辰日，取得静海军。丁未日，攻克楚州，南唐守将张彦卿、郑昭业死于此战。

二月甲寅日，取得雄州。丁卯日，周世宗前往扬州。癸酉日，前往瓜洲。

三月壬午初一，周世宗前往泰州。丁亥日，前往扬州。辛卯日，到达迎銮镇。己亥日，攻克淮南十四州，与南唐以长江为界。三月辛亥日，南唐君主李景派使者前来进献买宴钱。

四月庚申日，周世宗将五庙神主迁入新落成太庙。壬申日，从淮南到达东京，回鹘、达靼派遣使者前来。

六月辛未日，释放投降士卒四千六百人回南唐。

秋天七月乙酉日，水部员外郎韩彦卿到高丽买铜。丁亥日，周世宗颁发元稹《均田图》。

九月，占城国王释利因德缦派遣莆诃散前来。

冬天十月丁酉日，征收百姓赋税。

十一月庚戌日，编撰成《通礼》《正乐》。

十二月丙戌日，诏令取消各州县的课户、俸户。

周世宗显德六年春天正月，高丽王昭派遣使者前来。辛酉日，女真使者阿辨前来。

三月乙酉日，甘州回鹘前来进献宝玉，推辞不受。庚申日，王朴去世。丙寅日，宣徽南院使吴延祚为东京留守。癸酉日，诏令停止发放州官调任时所给的铜鱼。甲戌日，周世宗北上出征。当月，任命吴延祚为左骁卫上将军、枢密使。

夏天四月壬辰日，取得乾宁军。辛丑日，取得益津关，于此设置霸州。癸卯日，取得瓦桥关，于此设置雄州。

五月乙巳初一，取得瀛洲。甲戌日，周世宗从雄州到达大梁。

六月癸未日，周世宗立符氏为皇后，封儿子郭宗训为梁王、郭宗让为燕国公。戊子日，占城使者莆诃散前来。己丑日，命范质、王溥参与枢密院事务，魏仁浦为同中书门下平章事。癸巳日，周世宗在滋德殿去世。

周恭帝，就是周世宗第四个儿子周宗训。周世宗即皇帝位后，大臣请求封皇子为王，周世宗谦让将此事压了很久。到了北征取得三关，染病返回京师，才封郭宗训为梁王，当时年仅七岁。

显德六年六月癸巳日，周世宗去世。甲午日，周恭帝在灵柩前即皇帝位。癸卯日，任命范质为大行皇帝山陵使，翰林学士窦俨为礼仪使，兵部尚书张昭为卤簿使，御史中丞边归说为仪仗使，宣徽南院使、判开封府事昝居润为桥道顿递使。

秋天七月丁未日，户部尚书李涛为山陵副使，度支郎中卢亿为判官。

八月庚寅日，周恭帝封弟弟郭熙让为曹王，郭熙瑾为纪王，郭熙诲为蕲王。壬寅日，高丽派遣使者前来。

九月丙寅日，左骁卫大将军戴交出使到高丽。

冬天十一月壬寅日，将睿武孝文皇帝安葬于庆陵。高丽派遣使者前来。

显德七年春天正月甲辰日，周恭帝让位。宋朝兴起。

啊，五代本纪已经详备了！君臣之间的关系如此错综复杂，难道可以全部说尽吗！梁代朱友珪的谋反杀父，唐庄宗杀叔父李克宁和弟弟李存乂，明宗杀侄儿李从璨，如此则父子兄弟骨肉之情还有多少能不断绝呢！刘太妃去世而唐庄宗为之罢朝五日，唐庄宗立妃子刘氏为皇后，晋出帝立婶母冯氏为皇后，如此则夫妻的理义人伦还有多少能不混乱而不至于禽兽的地步呢！寒食节到野外祭祀而且焚烧纸钱，唐愍帝在父丧期间改年号而用音乐，安重诲滥杀殿直马延和太子少保致仕任圜，如此则礼乐刑法还有多少能不败坏呢！至于唐庄宗到雷山祭天神、用箭传达号令而晋出帝击杀御马祭祀亡灵，如此则中国还有多少能不改从夷狄习俗呢！真可称之为乱世啊！然而周世宗在仅仅五六年时间，取得秦陇，平定淮右，收复三关，威武的名声震慑华夏夷狄，同时在管区之内延请精通儒学、富有文采的士人，考究制度，撰修《通礼》、编定《正乐》，议订《刑统》，他创制建立的法度都可以施用于后代。他为人明白通达、英勇果敢，议论规划恢宏伟大。即皇帝位的第二年，废除天下佛教寺院三千三百三十六座。当时中原缺乏铜钱，于是下诏销毁天下全部铜佛像来铸造铜钱，曾经这样说：『我听说佛祖教导将人身看作虚妄，而以利人作为当务之急，假使佛祖的真身还存在，只要有利于世人，就不惜宰割自己的肉体，何况这铜像，哪里是他所吝惜的呢？』因此群臣不敢再说什么。夜间读书，看到唐朝元稹《均田图》，深有感触地赞叹道：『这是达到大治的根本啊，王者的仁政从这里开始！』于是下诏颁发元稹的《均田图》和均田法，让官吏百姓事先熟悉通晓它，期望用一年时间普遍平均分配天下的田地，他筹划的志向本意岂可小看！他征讨南唐，向宰相李谷询问计策，攻克淮南后，找出李谷奏疏，让学士陶谷撰写赞文，放在锦囊之中，常摆在座位旁边，他的英武才智可以称得上是人中雄杰。至于他虚心听取意见接纳劝谏，任用人才没有犹豫，难道不正是所说的贤明君主吗！他北伐取得三关，兵不血刃，但史家还是讥刺他看轻社稷的重要，在仓促之中侥幸取胜，实在是太不了解他分析强弱、比较敌我而利用契丹王述律的昏庸破绽，取得不可轻易丧失的机会，这如果不是深明决定胜负的韬略，谁能做到这样呢？确实不是一般史家眼光所能及得上的啊！

宋史

本纪第一

太祖一

太祖启运立极英武睿文神德圣功至明大孝皇帝，讳匡胤，姓赵氏，涿郡人也。高祖朓，是为僖祖，仕唐历永清、文安、幽都令。朓生珽，是为顺祖，历藩镇从事，累官兼御史中丞。珽生敬，是为翼祖，历营、蓟、涿三州刺史。敬生弘殷，是为宣祖。周显德中，宣祖贵，赠敬左骁骑卫上将军。

宣祖少骁勇，善骑射，事赵王王镕，为镕将五百骑援唐庄宗于河上有功。庄宗爱其勇，留典禁军。汉乾祐中，讨王景于凤翔，会蜀兵来援，战于陈仓。始合，矢集左目，气弥盛，奋击大败之，以功迁护圣都指挥使。周广顺末，改铁骑第一军都指挥使，转右厢都指挥，领岳州防御使。从征淮南，前军却，吴人来乘，宣祖邀击，败之。显德三年，督军平扬州，与世宗会寿春。寿春卖饼家饼薄小，世宗怒，执十余辈将诛之，宣祖固谏得释。累官检校司徒、天水县男，与太祖分典禁兵，一时荣之。卒，赠武清军节度使、太尉。

太祖，宣祖仲子也，母杜氏。后唐天成二年，生于洛阳夹马营，赤光绕室，异香经宿不散，体有金色，三日不变。既长，容貌雄伟，器度豁如，识者知其非常人。学骑射，辄出人上。尝试恶马，不施衔勒，马逸上城斜道，额触门楣坠地，人以为首必碎，太祖徐起，更追马腾上，一无所伤。又尝与韩令坤博土室中，雀斗户外，因竞起掩雀，而室随坏。

汉初，漫游无所遇，舍襄阳僧寺，有老僧善术数，顾曰：『吾厚赆汝，北往则有遇矣。』会周祖从枢密使征李守真，应募居帐下。广顺初，补东西班行首，拜滑为副指挥。世宗尹京，转开封府马直军使。

世宗即位，复典禁兵。北汉来寇，世宗率师御之，战于高平。将合，指挥樊爱能等先遁，军危，太祖麾同列驰马冲其锋，汉兵大溃。乘胜攻河东城，焚其门，左臂中流矢，世宗止之。还，拜殿前都虞侯，领严州刺史。

三年春，从征淮南，首败万众于涡口，斩兵马都监何延锡等。南唐节度皇甫晖、姚凤众号十五万，塞清流关，击走之。追至城下，晖曰：『人各为其主，愿成列以决胜负。』太祖笑而许之。晖整阵出，太祖拥马项直入，手刃晖中脑，并姚凤禽之。宣祖率兵夜半至城下，传呼开门，太祖曰：『父子固亲，启闭，王事也。』诘旦，乃得入。韩令坤平扬州，南唐来援，令坤议退，世宗命太祖率兵二千趋六合。太祖下令曰：『扬州兵敢有过六合者，断其足。』令坤始固守。太祖寻败齐王景达于六合东，斩首万余级。还，拜殿前都指挥使，寻拜定国军节度使。

四年春，从征寿春，拔连珠砦，遂下寿州。还，拜义成军节度、检校太保，仍殿前都指挥使。冬，从征濠、泗，为前锋。时南唐砦于十八里滩，世宗方议以橐驼济师，而太祖独跃马截流先渡，麾下骑随之，遂破其砦。因其战舰乘胜攻泗州，下之。南唐屯清口，太祖从世宗翼淮东下，夜追至山阳，俘唐节度使陈承昭以献，遂拔楚州。进破唐人于迎銮江口，直抵南岸，焚其营栅，又破之于瓜步，淮南平。唐主畏太祖威名，用间于世宗，遣使遗太祖书，馈白金三千两，太祖悉输之内府，间乃不行。五年，改忠武军节度使。

六年，世宗北征，为水陆都部署。及莫州，先至瓦桥关，降其守将姚内斌，战却数千骑，关南平。世宗在道，阅四方文书，得韦囊，中有木三尺余，题云『点检作天子』，异之。时张永德为点检，世宗不豫，还京师，拜太祖检校太傅、殿前都点检，以代永德。恭帝即位，改归德军节度、检校太尉。

七年春，北汉结契丹入寇，命出师御之。次陈桥驿，军中知星者苗训引门吏楚昭辅视日下复有一日，黑光摩荡者久之。夜五鼓，军士集驿门，宣言策点检为天子，或止之，众不听。迟明，逼寝所，太宗入白，太祖起。诸校露刃列于庭，曰：『诸军无主，愿策太尉为天子。』未及对，有以黄衣加太祖身，众皆罗拜，呼万岁，即掖太祖乘马。太祖揽辔谓诸将曰：『我有号令，尔能从乎？』皆下马曰：『唯命。』太祖曰：『太后、主上，吾皆北面事之，汝辈不得惊犯；大臣皆我比肩，不得侵凌；朝廷府库、士庶之家，不得侵掠。用令有重赏，违即孥戮汝。』诸将皆载拜，肃队以入。副都指挥使韩通谋御之，王彦升遽杀通于其第。

太祖进登明德门，令甲士归营，乃退居公署。有顷，诸将拥宰相范质等至，太祖见之，呜咽流涕曰：『违负天地，今至于此！』质等未及对，列校罗彦瑰按剑厉声谓质等曰：『我辈无主，今日须得天子。』质等相顾，计无从出，乃降阶列拜。召文武百僚，至晡，班定。翰林承旨陶谷出周恭帝禅位制书于袖中，宣徽使引太祖就庭，北面拜受已，乃掖太祖升崇元殿，服衮冕，即皇帝位。迁恭帝及符后于西宫，易其帝号曰郑王，而尊符后为周太后。

建隆元年春正月乙巳，大赦，改元，定有天下之号曰宋。赐内外百官军士爵赏，贬降者叙复，流配者释放，父母该恩者封赠。遣使遍告郡国。丙午，诏谕诸镇将帅。戊申，赐书南唐。赠韩通中书令，命以礼收葬。己酉，遣官告祭天地社稷。复安州、华州、兖州为节度。辛亥，论翊戴功，以周义成军节度使、殿前都指挥使石守信为归德军节度使、侍卫亲军马步军副都指挥使，江宁军节度使、侍卫亲军马军都指挥使高怀德为义成军节度使、殿前副都点检，武信军节度使、侍卫亲军步军都指挥使张令铎为镇安军节度使、侍卫亲军马步军都虞侯，殿前都虞侯王审琦为泰宁军节度使、殿前都指挥使，虎捷右厢都虞侯张光翰为江宁军节度使、侍卫亲军马军都指挥使，龙捷右厢都指挥使赵彦徽为武信军节度使，余领军者并进爵。壬子，赐宰相、枢密、诸军校袭衣、犀玉带、鞍马有差。癸丑，放南唐降将周成等归国。乙卯，遣使分振诸州。丁巳，命周宗正郭玘祀周陵庙，仍以时祭享。己未，宰相表请以二月十六日为长春节。癸亥，以周天雄军节度使、魏王符彦卿守太师，雄武军节度使王景守太保、太原郡王，定难军节度使、守太傅、西平王李彝殷守太尉，荆南节度使高保融守太傅，余领节镇者并进爵。甲子，赐皇弟殿前都虞侯匡义名光义。己巳，立太庙。镇州郭崇报契丹与北汉军皆遁。

二月乙亥，尊母南阳郡夫人杜氏为皇太后。以周宰相范质依前守司徒、兼侍中，王溥守司空、兼门下侍郎、同中书门下平章事，魏仁浦为尚书右仆射、兼中书侍郎、同中书门下平章事，枢密使吴廷祚同中书门下二品。丙戌，长春节，赐群臣衣各一袭。

三月乙巳，改天下郡县之犯御名、庙讳者。丙辰，南唐主李景、吴越王钱俶遣使以御服、锦绮、金帛来贺。宿州火，遣使恤灾。壬戌，定国运以火德王，色尚赤，腊用戌。癸亥，命武胜军节度使宋延渥等率舟师巡江徼。是春，均、房、商、洛鼠食苗。

夏四月癸酉，窦俨上二舞十二乐曲名、乐章。乙酉，幸玉津园。遣使分诣京城门，赐饥民粥。丙戌，浚蔡河。癸巳，昭义军节度使李筠叛，遣归德军节度使石守信讨之。

五月己亥朔，日有食之。庚子，遣昭化军节度使慕容延钊、彰德军节度使王全斌将兵出东道，与守信会讨李筠。壬寅，窦俨上太庙舞曲名。癸卯，石守信败李筠于长平。甲辰，命诸道进讨。丙午，幸魏仁浦第视疾。己酉，西京作周六庙成，遣官奉迁。丁巳，诏亲征，以枢密使吴廷祚留守上都，都虞侯光义为大内都点检，命天平军节度使韩令坤屯兵河阳。己未，发京师。丁卯，石守信、高怀德破筠众于泽州，禽伪节度范守图，杀北汉援兵之降者数千人，筠遁入泽州。戊辰，王师围之。

六月癸酉，有星赤色出心。辛未，拔泽州，筠赴火死。命埋胔骼，释河东相卫融，禁剽掠。甲申，免泽州今年租。有星赤色出太微垣，历上相。乙酉，伐上党。丁亥，筠子守节以城降，赦之。上如潞。辛卯，大赦，减死罪，免附潞三十里今年租，录阵殁将校子孙，丁夫给复三年。甲午，永安军节度使折德扆破北汉沙谷砦。

秋七月戊申，上至自潞。壬子，幸范质第视疾。甲子，遣工部侍郎艾颖拜嵩、庆陵。乙丑，南唐进白金，贺平泽、潞。丁卯，南唐进乘舆御服物。

八月戊辰朔，御崇元殿，行入阁仪。辛未，遣郭玘飨周庙。壬申，复贝州为永清军节度。甲戌，命宰相祷雨。辛巳，以周武胜军节度使侯章为太子太师。壬午，以光义领泰宁军节度，依前殿前都虞侯。甲申，立琅琊郡夫人王氏为皇后。戊子，南唐进贺平泽潞金银器、罗绮以千计。

九月壬寅，昭义军节度使李继勋焚北汉平遥县。癸卯，三佛齐国遣使贡方物。丙午，奉玉册谥高祖曰文献皇帝，庙号僖祖，高祖妣崔氏曰文懿皇后；曾祖曰惠元皇帝，庙号顺祖，曾祖妣桑氏曰惠明皇后；祖曰简恭皇帝，庙号翼祖，祖妣刘氏曰简穆皇后；皇考曰武昭皇帝，庙号宣祖。己酉，幸宜春苑。中书舍人赵逢坐从征避难，贬房州司户参军。

己未，淮南节度李重进以扬州叛，遣石守信等讨之。甲子，归太原俘。

冬十月丁卯朔，赐内外文武官冬衣有差。壬申，定县为望、紧、上、中、下，令三年一注。壬午，河决厌次。乙酉，晋州兵马钤辖荆罕儒袭北汉汾州，死之；龙捷指挥石进二十九人坐不救弃市。丁亥，诏亲征扬州，以都虞侯光义为大内都部署，枢密使吴廷祚权上都留守。戊子，诏诸道长贰有异政，众举留请立碑者，委参军验实以闻。庚寅，发京师。

十一月丁未，师傅扬州城，拔之，重进尽室自焚。戊申，诛重进党，扬州平。命诸军习战舰于迎銮，南唐主惧甚。其臣杜著、薛良因诡迹来奔，帝疾其不忠，斩著下蜀市，配良庐州牙校。己酉，振扬州城中民人米一斛，十岁以下者半之。胁隶为军者，赐衣屦遣还。庚戌，给攻城役夫死者人绢三匹，复三年。乙卯，南唐主遣使来犒师。庚申，遣其子从镒来朝。

十二月己巳，驾还。丁亥，上至自扬。辛卯，泉州节度使留从效称藩。

二年春正月丙申朔，上诣太后宫门称庆。庚子，占城国王遣使来朝。壬寅，幸造船务，观习水战。戊申，以扬州行宫为建隆寺。太仆少卿王承哲坐举官失实，责授殿中丞。壬子，商州鼠食苗，诏免赋。谓宰臣曰：『比命使度田，多邀功弊民，当慎其选，以见朕意。』丁巳，导蔡水入颍。己未，遣郭玘飨周庙。灵武节度使冯继业献马五百、橐驼百、野马二。甲子，泽州刺史张崇诂坐党李重进弃市。

二月丙寅，幸飞山营阅炮车。壬申，疏五丈河。癸酉，有司奏进士合格者十一人。荆南高保勖进黄金什器。甲戌，幸城南，观修水匮。丁丑，南唐进长春节御衣、金带及金银器。己卯，赐天雄军节度符彦卿粟。禁春夏捕鱼射鸟。己丑，定窃盗律。

三月丙申，内酒坊火，酒工死者三十余人，乘火为盗者五十人，擒斩三十八人，余以宰臣谏获免。酒坊使左承规、副使田处岩以酒工为盗，坐弃市。

闰月己巳，幸玉津园，谓侍臣曰：『沉湎非令仪，朕宴偶醉，恒悔之。』壬辰，南唐进谢赐生辰金器、罗绮。丁丑，金、商、房三州饥，振之。癸未，幸迎春苑宴射。

夏四月癸巳朔，日有食之。壬寅，诏郡国置前代帝王、贤臣陵冢户。己酉，无棣男子赵遇诈称皇弟，伏诛。己未，商河县令李瑶坐赃杖死，左赞善大夫申文纬坐失觉察除籍。庚申，班私炼货易盐及货造酒曲律。

五月癸亥朔，以皇太后疾，赦杂犯死罪已下。乙丑，天狗堕西南。丙寅，三佛齐国来献方物。丁丑，以安邑、解两池盐给徐、宿、郓、济。庚寅，供奉官李继昭坐盗卖官船弃市。诏诸道邮传以军卒递。

六月甲午，皇太后崩于滋德殿。己亥，群臣请听政，从之。庚子，以太后丧，权停时享。辛丑，见百官于紫宸殿门。壬子，祈雨。庚申，释服。

秋七月壬戌，以皇太后殡，不受朝。辛未，晋州神山县谷水泛出铁，方圆二丈三尺，重七千斤。壬申，以光义为开封府尹，光美行兴元尹。己卯，陇州进黄鹦鹉。

八月壬辰朔，不视朝。壬寅，诏诸大辟送所属州军决判。甲辰，南唐主李景死，子煜嗣，遣使请追尊帝号，从之。己酉，执易定节度使、同平章事孙行友，削官勒归私第。辛亥，幸崇夏寺，观修三门。女直国遣使来朝献。大名府永济主簿郭颉坐赃弃市。庚申，《周世宗实录》成。

九月壬戌朔，不御殿。南唐遣使来进金银、缯彩。甲子，契丹解利来降。荆南节度使高保勖遣其弟保寅来朝。戊子，遣使南唐赙祭。

冬十月癸巳，南唐遣其臣韩熙载、田霖来会皇太后葬。丙申，遣枢密承旨王仁赡赐南唐礼物。戊戌，禁边民盗塞外马。辛丑，丹州大雨雹。丙午，葬明宪皇太后于安陵。

十一月辛酉朔，不视朝。甲子，太后祔庙。己巳，幸相国寺，遂幸国子监。癸酉，沙州节度使曹元忠、瓜州团练使曹延继等遣使献玉鞍勒马。

十二月壬申，回鹘可汗景琼遣使来献方物。乙未，李继勋败北汉军，俘辽州刺史傅廷彦、弟勋来献。辛丑，幸新修河仓。庚戌，畋于近郊。癸丑，遣使赐南唐吴越马、羊、橐驼有差。

三年春正月庚申朔，以丧不受朝贺。己巳，淮南饥，振之。庚午，幸迎春苑宴射。甲戌，广皇城。诏郡国长史劝民播种。丙子，瓜沙归义节度使曹元忠献马。庚辰，女直国遣使只骨来献。诏郡国不得役道路居民。癸未，幸国子监。

二月丙辰，复幸国子监，遂如迎春苑宴从官。庚寅，诏文班官举堪为宾佐、令录者各一人，不当者比事连坐。甲午，诏自今百官朝对，须陈时政利病，无以触讳为惧。乙未，滑州节度使张建丰坐失火免官。己亥，更定窃盗律。壬午，上谓侍臣曰：『朕欲武臣尽读书以通治道，何如？』左右不知所对。甲寅，北汉寇潞、晋，守将击走之。

三月戊午朔，厌次霣霜杀桑。壬戌，三佛齐国遣使来献。癸亥，祷雨。丁卯，幸太清观，遂幸开封尹后园宴射。己巳，大雨。诏申律文谕郡国，犯大辟者刑部审覆。乙亥，遣使赐南唐主生辰礼物。丁丑，女直国遣使来献。丁亥，命徙北汉降人于邢、洺。

夏四月乙未，延州大雨雪，赵、卫二州旱。丙申，宁州大雨雪，沟洫冰。戊戌，幸太清观。庚子，回鹘阿督等来献方物。壬寅，丹州雪二尺。乙巳，赠兄光济为邕王，弟光赞为夔王，追册夫人贺氏为皇后。

五月甲子，幸相国寺祷雨，遂幸迎春苑宴射。乙亥，海州火。开太行运路。癸未，命使检河北诸州旱。甲申，诏均户役，敢蔽占者有罪。复幸相国寺祷雨。乙酉，广大内。齐、博、德、相、霸五州自春不雨，以旱减膳彻乐。

六月辛卯，振宿州饥。癸巳，吴廷祚以雄武军节度使罢。乙未，赐酒国子监。丁酉，幸太清观。己亥，减京畿、河北死罪以下。壬寅，京师雨。壬子，蕃部尚波于等争采造务，以兵犯渭北，知秦州高防击走之。乙卯，幸迎春苑宴射。

黄陂县有象自南来食稼。

秋七月庚申，南唐遣其臣翟如璧谢赐生辰礼，贡金银、锦绮千万。壬戌，放南唐降卒弱者数千人归国。乙丑，免舒州菰蒲新税。丁卯，潞州大雨雹。索内外军不律者配沙门岛。己卯，北汉捉生指挥使路贵等来降。辛巳，遣从臣十人检河北旱。癸未，兖、济、德、磁、洺五州蝝。

八月癸巳，蔡河务纲官王训等四人坐以糠土杂军粮，磔于市。乙未，用知制诰高锡言，诸行赂获荐者许告讦。

奴婢邻视能告者赏。诏注诸道司法参军皆以律疏试判。诏尚书吏部举书判拔萃科。

九月庚午，吐蕃尚波于等归伏羌县地。壬申，修武成王庙。丙子，占城国来献。禁伐桑枣。

冬十月乙酉朔，赐百官冬服有差。丙戌，幸太清观，遂幸造船务，观习水战。己亥，幸岳台，命诸军习骑射，复幸玉津园。辛丑，以枢密副使赵普为枢密使。辛亥，畋近郊。

十一月癸亥，禁奉使请托。县令考课以户口增减为黜陟。丙寅，南唐遣其臣顾彝来朝。丙子，三佛齐国使李丽林等来献，高丽国遣使李兴祐等来朝。己卯，畋于近郊。壬午，赐南唐建隆四年历。

十二月丙戌，诏县置尉一员，理盗讼；置弓手，视县户为差。戊戌，蒲、晋、慈、隰、相、卫六州饥，振之。庚子，班捕盗令。甲辰，衡州刺史张文表叛。

是岁，周郑王出居房州。

乾德元年春正月甲寅朔，不御殿。乙卯，发关西乡兵赴庆州。丁巳，修畿内河堤。己未，遣使赐南唐吴越马、橐驼、羊有差。庚申，遣山南东道节度使慕容延钊率十州兵以讨张文表。乙丑，幸造船务，观造战船。甲戌，诏荆南发水卒三千应延钊于潭。己卯，女直国遣使来献。

二月壬辰，周保权将杨师璠枭文表于朗陵市。甲午，慕容延钊入荆南，高继冲请归朝，得州三，县十七。乙未，克潭州。辛亥，澶、滑、卫、魏、晋、绛、蒲、孟八州饥，命发廪振之。

三月辛未，幸金凤园习射，七发皆中。符彦卿等进马称贺，乃遍赐从臣名马、银器有差。壬申，高继冲籍其钱帛刍粟来上。癸酉，班新定律。戊寅，慕容延钊破三江口，下岳州，克复朗州，湖南平，得州十四，监一，县六十六。

夏四月，旱。甲申，遍祷京城祠庙，夕雨。减荆南朗州、潭州管内死罪一等，卤掠者给主。乙酉，遣使祭南岳。丁亥，幸国子监，遂幸武成王庙，宴射玉津园。庚寅，出内钱募诸军子弟凿习战池。辛卯，《建隆应天历》成，御制序。壬辰，赏湖南立功将士。癸巳，幸玉津园。丙申，兵部郎中曹匪躬弃市，海陵、盐城屯田副使张蔼除名，并坐不法。庚子，荆南节度使高继冲进助宴金银、罗纨、柱衣、屏风等物。癸卯，辰、锦、叙等州归顺。甲辰，诏疏凿三门。禁泾、原、邠、庆等州补蕃人为边镇将。夏西平王李彝兴献犛牛一。乙巳，幸玉津园，阅诸军骑射。丙午，免湖南茶税，禁峡州盐井。辛亥，贷澶州民种食。

五月壬子朔，祷雨京城。甲寅，遣使祷雨岳渎。乙丑，广大内。庚午，给荆南管内符印。癸酉，幸玉津园。

六月乙酉，免潭州诸县无名配敛。壬辰，暑，罢营造，赐工匠衫履。乙未，诏：荆南兵愿归农者听。丙申，诏历代帝王三年一飨，立汉光武、唐太宗庙。己亥，澶、濮、曹、绛蝗，命以牢祭。庚子，百官三上表请举乐，从之。减左右仗千牛员。丙午，雨。诏蜡祀、庙、社皆用戌腊一日。己酉，命习水战于新池。

秋七月辛亥朔，定州县所置杂职、承符、厅子等名数。甲寅，以湖湘殁王事靳彦朗男承勋等三十人补殿直。丙辰，幸新池，赐役夫钱，遂幸玉津园。丁巳，安国军节度使王全斌等率兵入太原境，以俘来献，给钱米以释之。己未，诏民有疾而亲属遗去者罪之。癸亥，湖南疫，赐行营将校药。丁卯，幸武成王庙，遂幸新池，观习水战。己巳，郎州贼将汪端寇州城，都监尹重睿击走之。诏免荆南管内夏税之半。甲戌，释周保权罪。乙亥，诏缮朗州城，免其管内夏税。丁丑，分命近臣祷雨。己卯，班《重定刑统》等书。

八月壬午，殿前都虞侯张琼以陵侮军校史珪、石汉卿等，为所诬谮，下吏，琼自杀。丙戌，遣给事中刘载朝拜安陵。丁亥，王全斌攻北汉乐平县，降之。辛卯，以乐平县为平晋军，降卒千八百人为效顺军，人赐钱帛。壬辰，诏《九经》举人下第者再试。癸巳，女直国遣使献名马。蠲登州沙门岛民税，令专治船渡马。丙申，北汉静阳十八砦首领来降。泉州陈洪进遣使来朝贡。齐州河决。京师雨。己亥，契丹幽州岐沟关使柴廷翰等来降。癸卯，宰相质率百官上尊号，不允。

九月甲寅，三上表请，从之。丙寅，宴广政殿，始用乐。丁卯，责宣徽南院使兼枢密副使李处耘为淄州刺史。戊辰，女直国遣使献海东青名鹰。丙子，禁朝臣公荐贡举人。赐南唐羊万口。磔汪端于朗州。戊寅，北汉引契丹兵攻平晋，遣洺州防御使郭进等救之。

冬十月庚辰，诏州县征科置簿籍。己亥，畋近郊。丁未，吴越国王进郊祀礼金银、珠器、犀象、香药皆万计。

十一月乙卯，荆南节度使高继冲进郊祀银万两。甲子，有事南郊，大赦，改元乾德。百官奉玉册上尊号曰应天广运仁圣文武至德皇帝。丙寅，南唐进贺南郊、尊号银绢万计。丁卯，赐近臣袭衣、金带、器币、鞍马有差。乙亥，畋近郊。

十二月庚辰，殿前祗候李璘以父仇杀员僚陈友，璘自首，义而释之。辛巳，开封府尹光义、兴元尹光美各益食邑，赐功臣号；宰相质、溥、仁浦并特进，易封，益食邑；枢密使普加光禄大夫，易功臣号；文武臣僚各进阶、勋、爵、邑。甲申，皇后王氏崩。辛卯，罢登州都督。己亥，泉州陈洪进遣使贡白金千两，乳香、茶药皆万计。己巳，南唐主上表乞呼名，诏不允。

闰月己酉朔，校医官，黜其艺不精者二十二人。甲寅，命近臣祈雪。丁卯，覆试拔萃科，田可封、宋白、谭利用等称旨，赐与有差。辛未，卜安陵于巩县。乙亥，折德扆败北汉军于府州城下，禽其将杨璘。以太常议，奉赤帝为感生帝。

二年春正月辛巳，谕郡国长吏劝农耕作。有象入南阳，虞人杀之，以齿革来献。京师雨雪，雷。癸未，幸迎春苑宴射。甲申，诏著四时听选式。回鹘遣使献方物。戊子，质以太子太傅、溥以太子太保、仁浦仍尚书左仆射罢。庚寅，以赵普为门下侍郎、同中书门下平章事，李崇矩枢密使。壬辰，诏亲试制举三科，不限官庶，许直诣阁门进状。甲辰，诏诸道狱词令大理、刑部检详，或淹留差失致中书门下改正者，重其罪。乙巳，幸玉津园宴射。丁未，诏县令、簿、尉非公事毋至村落。令、录、簿、尉诸职官有耄耋笃疾者举劾之。

二月戊申朔，北汉辽州刺史杜延韬以城来降。癸丑，遣使振陕州饥。导淇水入京。丁巳，治安陵，隧坏，役兵压死者二百人，命有司瘗恤。庚午，府州俘北汉卫州刺史杨璘来献。甲戌，南唐进改葬安陵银绫绢各万计。浚汴河。

三月辛巳，幸教船池，赐水军将士衣有差，还幸玉津园宴射。乙未，北汉耀州团练使周审玉等来降。丁酉，遣使祈雨于五岳。禁臣僚往来假官军部送。辛丑，遣摄太尉光义奉册宝上明宪皇太后谥曰昭宪，皇后贺氏谥曰孝惠，王氏谥曰孝明。

夏四月丁未朔，策贤良方正直言极谏科，博州判官颖贽中第。戊申，振河中饥。己酉，免诸道今年夏税之无苗者。乙卯，葬昭宪皇太后、孝明皇后于安陵。乙丑，始置参知政事，以兵部侍郎薛居正、吕余庆为之。己巳，灵武饥，转泾粟以饷。壬申，祔二后于别庙。徙永州诸县民之畜蛊者三百二十六家于县之僻处，不得复齿于乡。

五月己卯，知制诰高锡坐受藩镇赂，贬莱州司马。辛巳，宗正卿赵砺坐赃杖、除籍。癸未，幸玉津园宴射。

六月己酉，以光义为中书令，光美同中书门下平章事，子德昭贵州防御使。庚申，幸相国寺，遂幸教船池、玉津园。辛未，河南北及秦诸州蝗，惟赵州不食稼。

秋七月乙亥，舂州暴水溺民。庚辰，郃阳雨雹。辛巳，幸玉津园，还幸新池，观习水战。辛卯，诏翰林学士陶谷、窦仪等举堪为藩郡通判者各一人，不当者连坐。

九月甲戌朔，《周易》博士奚屿责乾州司户，库部员外王贻孙责左赞善大夫，并坐试任子不公。戊子，延州雨雹。乙未，幸北郊观稼。辛丑，太子太傅质薨。壬寅，潘美等克郴州。

冬十月戊申，周纪王熙谨薨，辍视朝。

十一月甲戌，命忠武军节度使王全斌为西川行营前军兵马都部署，武信军节度崔彦进副之，将步骑三万出凤州道；江宁军节度使刘光义为西川行营前军兵马副都部署，枢密承旨曹彬副之，将步骑二万出归州道以伐蜀。乙亥，宴西川行营将校于崇德殿，示川峡地图，授攻取方略，赐金玉带、衣物各有差。壬辰，畋近郊。

十二月乙巳，释广南郴州都监陈埍等二百人。戊申，刘光义拔夔州，蜀节度高彦俦自焚。丁巳，蠲归、峡秋税。辛酉，王全斌克万仞、燕子二砦，下兴州，连拔石圌等二十余砦。甲子，光义拔巫山等砦，斩蜀将南光海等八千级，禽其战棹都指挥袁德宏等千二百人。全斌先锋史进德败蜀人于三泉砦，禽其节度使韩保正、李进等。南唐进银二万两、金银器皿数百事。庚午，诏招复山林聚匿。辛未，畋北郊。

【译文】

太祖启运立极英武睿文神德圣功至明大孝皇帝，名匡胤，姓赵氏，涿郡人。高祖赵朓，就是赵匡胤称帝后尊加庙号的僖祖，在唐朝做官时历任永清、文安、幽都三县的县令。赵朓的儿子赵珽，就是后来的顺祖，历官藩镇从事，累官兼御史中丞。赵珽的儿子赵敬，就是后来的翼祖，历任营州、蓟州、涿州三州刺史。赵敬的儿子赵弘殷，就是后来的宣祖。后周显德年间，宣祖显贵之际，后周皇帝追赠他的父亲赵敬为左骁骑卫上将军。

宣祖年轻时十分骁勇，擅长骑马射箭，在赵王王镕帐下供职，为王镕率领五百名骑兵在黄河沿岸增援后唐庄宗立有战功。庄宗喜爱他勇猛善战，留他掌管禁军。后汉乾祐年间，宣祖前往凤翔征讨王景，恰逢后蜀军队来援救王景，在陈仓大战。刚刚交兵，宣祖左眼中箭，但他的气势更旺盛，奋勇攻击，把敌军打得大败，因功升任护圣都指挥使。后周太祖广顺末年，改任铁骑第一军都指挥使，转任右厢都指挥，遥领岳州防御使。跟随后周世宗柴荣出征淮南，前军战斗不力而退却，吴兵乘机进攻，宣祖率领军队拦腰攻击吴兵，把他们打败。显德三年，统率军队攻打扬州，与周世宗在寿春会合。寿春卖饼店的饼既薄又小，世宗大怒，捉拿了十几个卖饼人将要处死他们，宣祖坚持进谏才获得释放。累官至检校司徒、天水县男，和儿子赵匡胤分别执掌禁军，是当时荣耀的事情。宣祖逝世，后周朝廷追赠他为武清军节度使、太尉。

太祖，是宣祖的二儿子，母亲杜氏。后唐天成二年，出生在洛阳夹马营，当时红光绕室，奇异的香气一夜没有消散，身体上有金黄颜色，三天没有变。长大后，太祖相貌雄伟，气度豁达自如，有见识的人知道他绝非一般人。学习骑马射箭，则在常人之上。曾经试骑一匹脾气凶恶的烈马，不用嚼口马鞍，烈马奔上登城楼的坡道，太祖的额头撞在门框的横木而从马上摔到地下，人们都认为太祖的脑袋一定撞碎了，只见太祖慢慢站起来，再次追赶烈马飞身跳上，一处也没受伤。又曾经和韩令坤在一间土屋中赌博，麻雀在屋子外面互相啄斗，因此二人争着起身到屋子外捕捉麻雀，而土屋随即坍塌了。

后汉初年，太祖四处漫游却没有获得机遇，在襄阳寺庙中借住，有位老和尚擅长看相算命，看了太祖后说：『我给你足够的旅费，你朝北走就会有机遇了。』正好周太祖以后汉枢密使的身份征讨李守真，太祖应募在周太祖军帐下供职。后周广顺初年，太祖补为禁军东西班行首，任滑州副指挥。周世宗任开封尹时，太祖转任开封府马直军使。

周世宗即位当了皇帝，太祖又执掌禁军。北汉来侵犯，周世宗率领军队抵御来犯之敌，在高平摆开战场。战斗将要展开的时候，指挥樊爱能等人首先逃跑，周军十分危急，太祖指挥自己的同伴催马迅速冲向敌人前锋，北汉军队大败溃逃。太祖乘胜进攻河东城，焚烧城门，左臂被流箭射中，周世宗制止他再攻城。回到京城后，太祖被任命为殿前都虞侯、遥领严州刺史。

显德三年春天，太祖跟随周世宗征伐淮南，首战在涡口打败南唐军万余人，斩杀南唐兵马都监何延锡等人。南唐节度使皇甫晖、姚凤率领号称十五万的军队，驻扎在清流关，太祖率领军队把他们打走了。太祖追到城下，皇甫晖说：『我们各自为了自己的主人，我希望双方布好阵势以决胜负。』太祖笑着回答说可以。皇甫晖摆好阵势出来迎战，太祖抱着马脖子一直冲入敌军阵内，手中兵刃砍中皇甫晖的脑袋，并把姚凤一起擒获。宣祖率领军队半夜时来到城下，传呼开门，太祖说：『父子诚然是至亲，但城门开关，是国家的事情。』等到天亮，宣祖才得以进城。韩令坤攻下扬州，南唐派军队来取，韩令坤主张退兵，周世宗命令太祖率兵两千赶往六合。太祖下令说：『扬州兵敢有过六合的，砍断他们的脚。』韩令坤才固守扬州。太祖不久在六合东面打败南唐齐王李景达，斩杀一万多人。回来后，太祖被任命为殿前都指挥使，不久又被委任为定国军节度使。

显德四年春天，跟随周世宗出征寿春，攻克连珠寨，乘势攻下寿州。还军后，太祖拜义成军节度使、检校太保，仍旧担任殿前都指挥使。这年冬天，跟随周世宗征伐濠州、泗州，充当前锋。当时南唐在十八里滩扎寨，周世宗刚刚商议用骆驼载渡军队时，而太祖已率先独自单骑横渡而过，他的部下骑兵也紧随他渡过了河，因而攻破南唐军寨。又用缴获的南唐战舰乘胜进攻泗州，攻克了泗州。南唐在清口驻屯军队，太祖跟世宗两翼分兵沿淮河东下，连夜追到山阳，俘虏南唐节度使陈承昭献给周世宗，因而攻下楚州。乘胜进军，在迎銮江口打败南唐军，直抵南岸，烧毁敌军营寨，又在瓜步攻破南唐军，淮南平定。南唐主畏惧太祖的威名，在周世宗那里使用离间计，派遣使臣送给太祖一封信，馈赠三千两白金，太祖把白金全部送到内府，南唐的离间计失败。显德五年，太祖改任忠武军节度使。

显德六年，周世宗北伐，太祖担任水陆都部署。到达莫州，先到瓦桥关，守将姚内斌投降，打退几千名敌军骑兵，关南平定。周世宗在行军路上，审阅各地所上文书，得到一只皮口袋，袋中有一块三尺多长的木板，上面写着『点检做天子』，周世宗感到这件事十分奇怪。当时张永德任点检，世宗卧病，回到京城，任命太祖为检校太傅、殿前都点检，用来代替张永德。周恭帝即位当皇帝，太祖改任归德军节度使、检校太尉。

显德七年春天，北汉勾结契丹进犯后周，朝廷命令太祖率领军队抵御敌人。大军到达陈桥驿，军队里一名懂得天文的人苗训招呼门吏楚昭辅看太阳下面还有一个太阳，黑光来回摇动了很长时间。这天下半夜，军中将士集中在驿门前，当众宣布策立点检做皇帝，有人劝阻将士，大家也不听。天快亮的时候，将士们来到太祖寝室外，太宗进入房间向太祖报告外面发生的事情，太祖起身。军校们手里拿着兵器排列在庭院中，说：『现在军队没有主人，我们愿意策立太尉当皇帝。』太祖还没有来得及答话，就有人把黄袍加在太祖身上，大家围着他下拜，高喊万岁，立即扶太祖上马。太祖拉住马缰绳对将领们说：『我的号令，你们能够听从吗？』众将下马答道：『一定听从命令。』太祖说：『太后、皇帝，我都北面侍奉他们，你们这些人不能惊扰冒犯；各位大臣都是我的平辈同事，你们不得侵犯凌侮；朝廷的府库、官宦百姓的家庭，不得侵犯掠夺。听从命令有重赏，违抗命令就杀你们的头。』将领们都再次下拜，严整队伍返回开封城。后周副都指挥使韩通计划抵抗，王彦升情急之下把韩通杀死在他家中。

太祖进城登上明德门，命令将士回到军营去，自己也回到官署。过了不久，将领们拥着宰相范质等人前来，太祖见了他们，低声哭泣着说：『我违背天地，今天到了这种地步！』范质等人还没有来得及答话，列校罗彦辐手按宝剑高声对范质等人说：『我们这些人没有主人，今天一定要有天子。』范质等人互相看看，没有什么办法可想，于是退到台阶下列队下拜。太祖召集文武百官，到了黄昏时，文武官员已排定了位置。翰林承旨陶谷从袍袖中拿出周恭帝的禅位制书，宣徽使引导太祖到了殿前庭里，北面下拜接受制书后，又扶着太祖登上崇元殿，换上皇帝的衣帽，登上皇帝宝座。把周恭帝和符太后迁到西宫，把恭帝改为郑王，而尊奉符太后为周太后。

建隆元年春正月乙巳，大赦天下，改用新纪元，定国号为宋。赐给朝廷内外文武百官和军士爵位与奖赏，贬官降职的人恢复原职，发配流放的人一律释放，文武百官的父母亲按照应该得到的恩典加以封赠。派遣使臣通告全国各地州郡。丙午，太祖下诏告知各地将帅。戊申，赐给南唐书信。追赠韩通为中书令，下令按照礼仪收殓安葬。己酉，派遣官员祭告天地社稷。恢复安州、华州、兖州为节度州。辛亥，论定拥戴太祖为皇帝的有功人员，任命后周义成军节度使、殿前都指挥使石守信为归德军节度使、侍卫亲军马步军副都指挥使，江宁军节度使、侍卫亲军马军都指挥使高怀德为义成军节度使、殿前副都点检，武信军节度使、侍卫亲军步军都指挥使张令铎为镇安军节度使、侍卫亲军马步军都虞侯，殿前都虞侯王审琦为泰宁军节度使、殿前都指挥使，虎捷右厢都虞侯张光翰为江宁军节度使、侍卫亲军马军都指挥使，龙捷右厢都指挥使赵彦徽为武信军节度使，其余统兵将领也一律提升爵位。壬子，赐给宰相、枢密使、禁军各位将领整套衣服、用犀玉带、配好马鞍的骏马多少不等。癸丑，释放南唐投降的将领周成等人回国。乙卯，派遣使臣分别赈济各地州县。丁巳，命令后周宗正少卿郭玘祭祀后周的皇陵和太庙，仍旧和后周一样按时祭祀供献。己未，宰相上表请以二月十六日为长春节。癸亥，任命后周天雄军节度使、魏王符彦卿守太师，雄武军节度使王景守太保、太原郡王，定难军节度使、守太傅、西平王李彝殷守太尉，荆南节度使高保融守太傅，其余领节度使的人一律提升了爵位。甲子，赐皇弟殿前都虞侯赵匡义改名为光义。己巳，建立太庙。镇州郭崇报告契丹和北汉军队都退回去了。

二月乙亥，太祖尊奉母亲南阳郡夫人杜氏为皇太后。任命后周宰相范质和从前一样守司徒兼侍中，王溥守司空、兼门下侍郎、同中书门下平章事，魏仁浦为尚书右仆射兼中书侍郎、同中书门下平章事，枢密使吴廷祚同中书门下二品。丙戌，长春节，太祖赐给大臣们衣服各一套。

三月乙巳，修改全国触犯太祖名字、已死皇帝名字的州县名称。丙辰，南唐主李景、吴越王钱俶派遣使臣送来皇帝衣服、锦绮、金帛表示祝贺。宿州发生火灾，太祖派遣使者抚恤灾区。壬戌，决定国运以火德王，颜色崇尚红色，年终岁末祭祀百神的腊日用戌这一天。癸亥，太祖命令武胜军节度使宋延渥等人率领水军在长江巡查。这年春天，均州、房州、商州、洛阳田鼠吃庄稼幼苗。

夏四月癸酉，窦俨进上两种舞蹈十二种乐曲的名称、乐章。乙酉，太祖亲临玉津园。派遣使臣分别到京城各门，赐给饥民粥。丙戌，疏浚蔡河。癸巳，昭义军节度使李筠叛乱，太祖派遣归德军节度使石守信讨伐他。

五月己亥初一，日食。庚子，太祖派遣昭化军节度使慕容延钊、彰德军节度使王全斌率领军队从东路出兵，和石守信会合讨伐李筠。壬寅，窦俨进上太庙舞曲名称。癸卯，石守信在长平打败李筠。甲辰，太祖下令各路兵马进军讨伐李筠。丙午，太祖亲临魏仁浦的府第探视他的病情。己酉，西京洛阳建成后周六祖的宗庙，太祖派官员把后周六祖的神位由京城开封迁往西京安奉。丁巳，太祖下诏亲征，派枢密使吴廷祚留守京城，都虞侯赵光义任大内都点检，命令天平军节度使韩令坤屯兵河阳。己未，太祖从京城出发。丁卯，石守信、高怀德在泽州打败李筠军队，擒获李筠所部节度范守图，杀掉北汉援救李筠而降宋的士兵几千人。李筠逃入泽州城。戊辰，宋军包围泽州城。

六月癸酉，有一颗红色星从心宿处出现。辛未，攻克泽州，李筠自焚而死。太祖下令掩埋死尸，释放北汉宰相卫融，禁止士兵抢劫掠夺。甲申，免征泽州今年的田租。有一颗红色星从太微垣星处出现，经过上相星。乙酉，讨伐上党。丁亥，李筠的儿子李守节在上党投降，太祖赦免了他的罪过。太祖到潞州。辛卯，大赦天下，死罪犯人减刑，免除潞州城附近三十里内地区今年的田租，录用阵亡将士的子孙，随军丁夫免除三年徭役。甲午，永安军节度使折德扆攻下北汉沙谷寨。

秋七月戊申，太祖自潞州回到京城开封。壬子，太祖亲临范质府第探视他的病情。甲子，派遣工部侍郎艾颖朝拜嵩陵、庆陵。乙丑，南唐进贡白金，祝贺平定泽州、潞州叛乱。丁卯，南唐进贡皇帝乘坐的车子、衣服等物。

八月戊辰初一，太祖到崇元殿，举行入阁仪式。辛未，太祖派遣郭玘祭祀后周的太庙。壬申，恢复贝州为永清军节度。

甲戌，命令宰相祈祷降雨。辛巳，任命后周武胜军节度使侯章为太子太师。壬午，任命赵光义领泰宁军节度，仍旧担任殿前都虞侯。甲申，太祖立琅琊郡夫人王氏为皇后。戊子，南唐进贡数以千计的金银器具、罗绮祝贺平定泽州、潞州叛乱。

九月壬寅，昭义军节度使李继勋火烧北汉平遥县。癸卯，三佛齐国派遣使臣进贡当地特产。丙午，太祖手捧玉册给祖先加谥号，高祖父被尊为文献皇帝，庙号僖祖，高祖母崔氏被尊为文懿皇后；曾祖父被尊为惠元皇帝，庙号顺祖，曾祖母桑氏被尊为惠明皇后，祖父被尊为简恭皇帝，庙号翼祖，祖母刘氏被尊为简穆皇后；父亲被尊为武昭皇帝，庙号宣祖。己酉，太祖亲临宜春苑。中书舍人赵逢因跟随太祖征讨李筠时逃避艰险，被贬为房州司户参军。己未，淮南节度使李重进占据扬州发动叛乱，太祖派遣石守信等人率领军队讨伐他。甲子，归还北汉俘虏。

冬十月丁卯初一，太祖赏赐朝廷内外文武官员冬衣多少不等。壬申，决定县分为望、紧、上、中、下几个等级，规定每三年注册一次。壬午，黄河在厌次决口。乙酉，晋州兵马钤辖荆罕儒袭击北汉汾州，他死于这次战斗；龙捷指挥使石进等二十九人因没有去援救荆罕儒而在闹市被斩首示众。丁亥，太祖下诏亲征扬州，派都虞侯赵光义为大内都部署，枢密使吴廷祚权上都留守。戊子，太祖下诏各个道的正副长官有优异政绩，百姓公举请求留任而立碑的人，由参军考察查实后上报朝廷。庚寅，太祖率军从京城出发。

十一月丁未，宋军到达扬州城下，攻克扬州，李重进全家自焚而死。戊申，处死李重进的同党，扬州平定。太祖命令各军在迎銮操练战舰，南唐主十分恐惧。南唐臣僚杜著、薛良也因恐惧而用欺骗手段逃离南唐来投奔，太祖憎恨他们没有忠义之心，在下蜀闹市把杜著斩首，流放薛良为庐州牙校。己酉，赈济扬州城里百姓每人米一斛，十岁以下的儿童减少一半。被李重进胁迫而当兵的人，太祖赐给他们衣服鞋子遣散回家。庚戌，给因攻城服役而死的丁夫每人绢三匹，死者家属免除三年徭役。乙卯，南唐主派遣使臣来慰劳征伐扬州的宋军。庚申，南唐主派遣儿子李从镒来朝拜太祖。

十二月己巳，太祖起驾回京城。丁亥，太祖从扬州回到京城开封。辛卯，泉州节度使留从效归宋称臣。

建隆二年春正月丙申初一，太祖到杜太后居住的宫门祝贺新春。庚子，占城国王派遣使臣来朝拜。壬寅，太祖到造船务，检阅水军作战演习。戊申，将扬州行宫改为建隆寺。太仆少卿王承哲因举荐官员失实，贬为殿中丞。壬子，商州田鼠吃庄稼幼苗，下诏免征赋税。太祖对宰相说：『每次派遣使臣查看庄稼受灾程度，多数使臣只为自己邀功而使百姓受害，今后应当慎重选用使臣，以便让百姓了解我的爱民之意。』丁巳，疏导蔡水流入颍河。己未，派遣郭玘祭祀后周太庙。灵武节度使冯继业进献五百匹马、一百头骆驼、两匹野马。甲子，泽州刺史张崇诂因是李重进同党在闹市被斩首示众。

二月丙寅，太祖到飞山营检阅炮车。壬申，疏浚五丈河。癸酉，经办部门报告有十一人进士合格。荆南高保勖进贡黄金器皿。甲戌，太祖到城南，视察修建水匮。丁丑，南唐进贡祝贺长春节的皇帝衣服、金带以及金银器皿。己卯，太祖赐给天雄军节度使符彦卿粮食。禁止春夏两季捕鱼射鸟。己丑，制定窃盗律。

三月丙申，内酒坊失火，酒工三十多人被烧死，乘火灾之机进行偷盗的五十人，被抓住斩首的有三十八人，其余人因宰相进谏而免于死刑。酒坊使左承规、副使田处岩因酒工行盗在闹市被斩首示众。

闰三月己巳，太祖到玉津园，对侍从大臣说：『沉湎于酒不是好榜样，我在宴席上偶然醉倒，常常为之后悔。』壬辰，南唐进奉金器、罗绮用来回谢对他生日的赏赐。丁丑，金、商、房三州发生饥荒，救济那里的百姓。癸未，太祖到迎春苑举行宴会射箭。

夏四月癸巳初一，日食。壬寅，诏令州县设置看守前代帝王、贤臣陵墓的陵冢户。己酉，无棣县男子赵遇谎说自己是皇帝的弟弟，被处死刑。己未，商河县令李瑶因犯赃罪被杖死，左赞善大夫申文纬因没能觉察李瑶赃罪被削官为民。庚申，颁布私自炼盐贸易盐及私自贩酒造酒屈的法律。

五月癸亥初一，因皇太后病，赦免杂犯死罪以下囚犯。乙丑，天狗星在西南方向坠落。丙寅，三佛齐国来进贡当地土产。丁丑，用解州安邑、解县两池盐供给徐州、宿州、郓州、济州。庚寅，供奉官李继昭因盗卖官船罪在闹市被斩首示众。诏令各道的邮传用军卒递送。

六月甲午，皇太后在滋德殿逝世。己亥，大臣们请求太祖治理国事，太祖听从了他们的请求。庚子，因太后逝世，暂停祭祀太庙。辛丑，太祖在紫宸殿门接见百官。壬子，祈求降雨。庚申，太祖脱去丧服。

秋七月壬戌，因为杜太后殡，太祖不受朝拜。辛未，晋州神山县山谷水中流出铁块，方圆两丈三尺，重七千斤。壬申，太祖任命赵光义为开封府尹，赵光美行兴元府尹。己卯，陇州进贡黄鹦鹉。

八月壬辰初一，太祖不上殿处理政事。壬寅，太祖下诏罪至死刑的重犯送所属州军决判。甲辰，南唐主李景逝世，儿子李煜继位当皇帝。派遣使臣请求太祖追尊李景皇帝称号，太祖同意了他的请求。己酉，拘捕易定节度使、同平章事孙行友，削去官爵，押回私宅。辛亥，太祖到崇夏寺，参观修建三门。女直国派遣使臣来朝拜献礼物。大名府永济县主簿郭颉因贪赃罪在闹市被斩首示众。庚申，《周世宗实录》撰修成功。

九月壬戌初一，太祖不上殿处理政事。南唐派遣使者来进贡金银、缯彩。甲子，契丹解利来投降。荆南节度使高保勖派遣自己的弟弟高保寅来朝拜太祖。戊子，太祖派遣使者去南唐赠送财物以助办丧事并祭奠李景。

冬十月癸巳，南唐派遣使臣韩熙载、田霖来参加皇太后的葬礼。丙申，太祖派遣枢密承旨王仁赡去南唐赏赐礼物。戊戌，禁止边境地区的百姓偷盗塞外马匹。辛丑，丹州下大雨冰雹。丙午，将明宪皇太后安葬在安陵。

十一月辛酉初一，太祖不上朝处理政事。甲子，把皇太后的神主牌位送入太庙祭祀。己巳，太祖到相国寺，于是又到了国子监。癸酉，沙州节度使曹元忠、瓜州团练使曹延继等人派遣使者进献戴着用玉镶嵌的马鞍、马笼头的骏马。

十二月壬申，回鹘可汗景琼派遣使者来进贡当地土产。乙未，李继勋打败北汉军队，俘虏辽州刺史傅廷彦、他的弟弟傅勋献给朝廷。辛丑，太祖到新修河仓视察。庚戌，太祖在近郊打猎。癸丑，太祖派遣使者赐给南唐、吴越马匹、羊只、骆驼多少不等。

建隆三年春正月庚申初一，因皇太后丧不受百官朝贺新春。己巳，淮南发生饥荒，救济那里的灾民。庚午，太祖到迎春苑宴会射箭。甲戌，扩建皇城。太祖诏令地方官员劝说百姓春天播种。丙子，瓜沙归义节度使曹元忠进献马匹。庚辰，女直国派遣使者只骨来献礼物。诏令各地不得役使道路居民。癸未，太祖到国子监视察。

二月丙辰，太祖再次视察国子监，于是又到迎春苑设宴款待陪从官员。庚寅，诏令文班官员推荐可以担任宾佐、令录官各一名，举荐不当者比拟被推荐人所犯过失一并治罪。甲午，太祖下诏从现在起百官上朝奏对，必须讲述时政的对与错，不要因为触犯忌讳而惧怕。乙未，滑州节度使张建丰因失火罪被免官。己亥，改定窃盗律。壬午，太祖对侍臣说：『我希望武将们都读书以懂得治理国家的道理，怎么样？』左右侍臣不知如何答对。甲寅，北汉军队进犯潞州、晋州，守城将领把他们打走。

三月戊午初一，庆次县下霜冻死桑树。壬戌，三佛齐国派遣使者来贡献礼物。癸亥，祈祷降雨。丁卯，太祖亲临太清观，于是又到开封府尹赵光义的后园举行宴会射箭。己巳，大雨。太祖下诏申明法律条文通告各地州郡，犯有死罪的人送刑部复审。乙亥，太祖派遣使臣赐给南唐主李煜生日礼物。丁丑，女直国派遣使臣来贡献礼品。丁亥，太祖下令把北汉投降的人迁徙到邢州、洺州。

夏四月乙未，延州下大雨夹雪，赵州、卫州发生旱灾。丙申，宁州下大雨夹雪，沟渠水都结成冰。戊戌，太祖亲临太清观。庚子，回鹘阿督等人来进贡当地土产。壬寅，丹州降雪深达两尺。乙巳，太祖追赠哥哥赵光济为邕王，弟弟赵光赞为夔王，追册夫人贺氏为皇后。

五月甲子，太祖亲自到相国寺祈祷降雨，于是又到迎春苑举行宴会射箭。乙亥，海州发生火灾。在太行山开辟运送物资的道路。癸未，命令使者检查河北各州的旱情。甲申，太祖下诏均衡户役，敢于蔽占的人有罪。太祖再次亲自到相国寺祈祷降雨。乙酉，扩建皇宫。齐、博、德、相、霸五州从春天至今没有下雨，太祖因为旱灾减少肴馔和停奏音乐。

六月辛卯，赈济宿州饥荒。癸巳，任命吴廷祚为雄武军节度使，免去他的枢密使职务。乙未，太祖赐酒给国子监。丁酉，太祖亲临太清观。己亥，京城附近、河北地区犯有死罪以下罪行的囚犯减刑。壬寅，京城下雨。壬子，蕃部尚波于等人来争采造务，用军队进犯渭北，秦州知州高防把他们打败赶走。乙卯，太祖亲临迎春苑举行宴会射箭。黄陂县有大象从南面来吃庄稼。

秋七月庚申，南唐派遣大臣翟如璧谢太祖赐给南唐主李煜的生辰礼物，进贡金银、锦绮以千万计。壬戌，释放南唐投降士兵中几千名体弱的人回国。乙丑，免征舒州茭白香蒲新税。丁卯，潞州下大雨夹冰雹。搜索京城内外军队中不守法的人流放到沙门岛。己卯，北汉捉生指挥使路贵等人来投降。辛巳，太祖派遣十名从臣检查河北旱情。癸未，兖、济、德、磁、洺五州没有生翅膀的小蝗虫吃庄稼。

八月癸巳，蔡河务纲官王训等四人因将糠土掺杂进军粮中，在闹市被分尸。乙未，采用知制诰高锡建议，凡是行贿获得推荐的人允许知情者揭发检举，奴婢邻居亲属能揭发检举的给予奖赏。太祖下诏凡按资叙授各道司法参军时都先要用正律和疏出题考试判案。诏令尚书吏部奏上恢复书判拔萃科的条文。

九月庚午，吐蕃尚波于等人旧还伏羌县土地。壬申，修建武成王庙。丙子，占城国来进献礼物。禁止砍伐桑树、枣树。

冬十月乙酉初一，太祖赐给百官冬天衣服多少不等。丙戌，太祖亲临太清观，于是又去造船务，检阅水战演习。己亥，太祖到岳台，命令各军操练骑马射箭，太祖又到玉津园。辛丑，任用枢密副使赵普为枢密使。辛亥，太祖到近郊打猎。

十一月癸亥，禁止奉命出使各道时私相嘱托。考核县令政绩以辖区百姓户口增减为升降依据。丙寅，南唐派遣使臣顾彝来朝拜。丙子，三佛齐国派遣使臣李丽林等人来进献礼物，高丽国派遣李兴祐等人来朝拜。己卯，太祖在近郊打猎。壬午，赐给南唐建隆四年历。

十二月丙戌，太祖下诏让各县设置县尉一名，主管盗窃诉讼；设置弓手，弓手的数量根据各县户数多少不等。戊戌，蒲、晋、慈、隰、相、卫六州发生饥荒，救济灾区百姓。庚子，颁布捕盗令。甲辰，衡州刺史张文表叛乱。

这一年，周郑王离开京城去房州居住。

乾德元年春正月甲寅初一，太祖不上殿听政。乙卯，征发关西乡兵前往庆州。丁巳，修筑京城开封辖区内的黄河河堤。己未，派遣使臣赐给南唐、吴越马匹、骆驼、羊多少不等。庚申，太祖派遣山南东道节度使慕容延钊率领十州军队去讨伐张文表。乙丑，太祖亲临造船务，视察建造战船。甲戌，太祖诏令荆南征发三千名水军去潭州接受慕容延钊指挥。己卯，女直国派遣使者来进献礼物。

二月壬辰，周保权的将领杨师璠在朗陵闹市把张文表斩首示众。甲午，慕容延钊进入荆南，高继冲请求归顺朝廷，得到三个州、十七个县。乙未，攻克潭州。辛亥，澶、滑、卫、魏、晋、绛、蒲、孟八州发生饥荒，太祖命令开仓救济灾民。

三月辛未，太祖到金凤园练习射箭，七箭都中靶子。符彦卿等人进献马匹表示祝贺，太祖于是遍赏随从大臣名马、银器多少不等。壬申，高继冲登记荆南所有的钱财丝帛、粮食草料来上报给太祖。癸酉，颁布新定的法律。戊寅，慕容延钊攻破三江口，攻克岳州，收复郎州，湖南平定，得到十四个州，一个监，六十六个县。

夏四月，发生旱灾。甲申，在京城所有的祠观庙宇祈祷降雨，傍晚时分下雨。荆南郎州、潭州管辖内的死罪囚犯减刑一等，抢劫掠夺的财物归还原主。乙酉，太祖派遣使者祭祀南岳衡山。丁亥，太祖亲临国子监，于是又去了武成王庙，在玉津园设宴射箭。庚寅，太祖拿出内库钱币招募各军的子弟挖凿练习水战的池塘。辛卯，《建隆应天历》编成，太祖亲自作序。壬辰，赏赐平定湖南的立功将士。癸巳，太祖到玉津园。丙申，兵部郎中曹匪躬在闹市被斩首示众，海陵、盐城屯田副使张蔼除去官籍，都是因为违法犯罪。庚子，荆南节度使高继冲进贡助宴的金银、罗绮、柱衣、屏风等物品。癸卯，辰、锦、叙等州归顺宋朝。甲辰，太祖下诏开凿疏浚黄河三门。禁止泾、原、邠、庆等州补充少数民族人担任镇守边境的将领。夏西平王李彝兴进献一头牦牛。乙巳，太祖亲临玉津园，检阅各军骑马射箭。

丙午，免征湖南的茶税，禁止峡州盐井。辛亥，借贷种子粮食给澶州百姓。

五月壬子初一，太祖在京城祈祷降雨。甲寅，太祖派遣使臣到五岳四渎祈祷降雨。乙丑，扩建皇宫。庚午，把符印发给荆南管辖内的官吏。癸酉，太祖到玉津园。

六月乙酉，免除潭州所属各县的无名摊派聚敛。壬辰，天气大热，停止营造工程，赐给工匠衣衫鞋子。乙未，太祖下诏：原荆南士兵愿意回乡务农的可以回去。丙申，诏历代帝王每三年祭献一次，建立汉光武帝、唐太宗庙。己亥，澶州、濮州、曹州、绛州发生蝗灾，太祖命令用牛羊猪三牲祭祀。庚子，百官三次上表请求太祖同意奏乐，太祖同意了他们的请求。太祖减少左右的禁卫官员。丙午，下雨。太祖下诏年终祭祀百神的腊祭、庙祭、社祭都在举行腊祭的戌这一天进行。己酉，太祖命令在新挖成的水池中，演习水战。

秋七月辛亥初一，规定州县所设置的杂职、承符、斤子等人数。甲寅，将平定湖湘时死于公事的靳彦朗的儿子靳承勋等三十人补为殿直。丙辰，太祖到新挖成的水池，赐给役夫钱，于是又到玉津园。丁巳，安国军节度使王全斌等人率领军队进入太原境内，把俘虏献给朝廷，太祖赐给俘虏钱和米后释放他们。己未，太祖下诏百姓如有生病而亲属把他抛弃以犯罪论处。癸亥，湖南发生瘟疫，太祖赐药给行营将校。丁卯，太祖亲临武成王庙，于是又去了新挖的水池，检阅水战演习。己巳，朗州贼将汪端进犯州城，都监尹重睿把他们打败赶走。太祖下诏免征荆南全境的一半夏税。甲戌，免究周保权的罪行。乙亥，诏命修缮朗州城，免征朗州全境的夏税。丁丑，太祖分别命令身边亲近大臣祈祷降雨。己卯，颁布《重定刑统》等书。

八月壬午，殿前都虞侯张琼因欺侮军校史珪、石汉卿等人，被他们所诬陷，交法官审讯，张琼自杀。丙戌，太祖派遣给事中刘载朝拜安陵。丁亥，王全斌攻打北汉乐平县，乐平县投降。辛卯，把乐平县改为平晋军，一千八百名投降士兵编为效顺军，赐给每个人钱帛。壬辰，诏《九经》举人落榜以后允许再次参加考试。癸巳，女直国派遣使者进献名马。免去登州沙门岛百姓赋税，命令他们专门治理船只渡送马匹。丙申，北汉静阳十八寨首领来投降。

泉州陈洪进派遣使者来朝拜进贡。黄河在齐州决口。京城下雨。己亥，契丹幽州岐沟关使柴廷翰等人来投降。癸卯，宰相范质率领文武百官给太祖上尊号，太祖不接受。

九月甲寅，文武百官三次上表请求太祖接受尊号，太祖答应了他们的请求。丙寅，太祖在广政殿设宴，开始演奏音乐。丁卯，贬责宣徽南院使兼枢密副使李处耘为淄州刺史。戊辰，女直国派遣使者来进献名鹰海东青。丙子，禁止知举官将去贡院时大臣们向他保荐人。赐给南唐羊一万只。在朗州把汪端分尸。戊寅，北汉引诱契丹军队进攻平晋军，太祖派遣洺州防御使郭进等人援救平晋军。

冬十月庚辰，太祖下诏州县征收赋税要造册登记。己亥，太祖在近郊打猎。丁未，吴越国进贡南郊大礼的礼物金银、珍珠器皿、犀象、香药等都以万计。十一月乙卯，荆南节度使高继冲进贡南郊大礼的银子一万两。甲子，太祖在南郊祭祀天地，大赦天下，改年号为乾德。文武百官奉玉册进上尊号为应天广运仁圣文武至德皇帝。丙寅，南唐进贡祝贺南郊、尊号的礼物银绢以万计。丁卯，太祖赐给左右亲近大臣衣服、金带、器币、带鞍的马匹多少不等。乙亥，太祖在近郊打猎。

十二月庚辰，殿前祇候李璘因为父仇杀死员僚陈友，李璘自首，太祖被他的孝义所感动而释放了他。辛巳，开封府尹赵光义、兴元府尹赵光美分别增加封地，赐给功臣号；宰相范质、王溥、魏仁浦都升为特进，易换封号，增加封地；枢密使赵普加官为光禄大夫，易换功臣号；文武臣僚分别提升官阶、勋位、封爵，增加食邑户数。甲申，皇后王氏逝世。辛卯，废除登州都督。己亥，泉州陈洪进派遣使者进贡白金一千两，乳香、茶药都以万计算。己巳，南唐主李煜上表请求直呼其名，太祖下诏不同意。

闰十二月己酉初一，考核医官，退去其中医术不精的二十二人。甲寅，太祖命令左右近臣祈祷降雪。丁卯，拔萃科举行复试，田可封、宋白、谭利用等人符合太祖旨意，太祖赏赐他们多少不等。辛未，安陵选择在巩县。乙亥，折德扆在府州城下打败北汉军队，擒获北汉军队将领杨璘，因为太常建议，奉赤帝为感生帝。

乾德二年春正月辛巳，太祖诏谕州县地方长官劝勉农民及时耕作播种。有大象进入南阳，掌管山泽田猎的官员杀死了大象，把大象皮和象牙拿来献给太祖。京城下雨夹雪，打雷。癸未，太祖到迎春苑设宴射箭。甲申，太祖下诏编著四时听选式。回鹘派遣使者进献当地土产。戊子，范质为太子太傅、王溥为太子太保，魏仁浦仍为尚书左仆射，三人同时被免去了宰相职务。庚寅，任命赵普为门下侍郎、同中书门下平章事，李崇矩为枢密使。壬辰，太祖下诏亲自考试制举的三个科目，不限官员百姓，都可以直接到阁门投进书札自荐。甲辰，太祖下诏各道所上狱词，命令大理寺检断、刑部详复，如有滞留差错失误以致中书门下省加以改正的案件，从重处罚两个机构的责任者。乙巳，太祖到玉津园设宴射箭。丁未，太祖下诏命令县令、主簿、尉没有公事不得下乡。令、录、簿、尉等职官有年老病重的人允许弹劾。

二月戊申初一，北汉辽州刺史杜延韬从辽州来降。癸丑，太祖派遣使臣赈济陕州饥荒。疏导淇水流入京城。丁巳，修建安陵时，隧道坍落，压死役夫士兵二百人，太祖命令有关机构掩埋死尸并抚恤死者家庭。庚午，府州俘虏北汉卫州刺史杨璘来献给朝廷。甲戌，南唐进贡改葬安陵的银绫绢各以万计。疏浚汴河。

三月辛巳，太祖到教船池，赐给水军将士衣服多少不等，回宫时到玉津园设宴射箭。乙未，北汉耀州团练使周审玉等人来投降。丁酉，太祖派遣使者去五岳祈祷降雨。禁止臣僚出外或返京时借官军按部护送。辛丑，太祖派遣摄太尉赵光义手捧宝册上明宪皇太后的谥号为昭宪、皇后贺氏谥号为孝惠，王氏谥号为孝明。

夏四月丁未初一，贤良方正直言极谏科考试策问，博州判官颖贽中第。戊申，赈济河中地区饥荒。己酉，免征各道播种而无禾苗地区的今年夏税。乙卯，在安陵安葬昭宪皇太后、孝明皇后。乙丑，开始设置参知政事，任命兵部侍郎薛居正、吕余庆担任这个职位。己巳，灵武发生饥荒，转运泾州粮食进行救济。壬申，把两位皇后的神主牌位安奉在一个宗庙的两个室中。迁徙永州各县百姓中发生牲畜蛊毒的三百二十六家到县所在的僻静地区，不得再在乡里饲养牲畜。

五月己卯，知制诰高锡因接受藩镇贿赂，贬为莱州司马。辛巳，宗正卿赵砺因贪赃受杖刑、官籍除名。癸未，太祖到玉津园设宴射箭。

六月己酉，任命弟赵光义为中书令，弟赵光美为同中书门下平章事，儿子赵德昭为贵州防御使。庚申，太祖到相国寺，于是又去了教船池、玉津园。辛未，黄河南北以及陕西各州发生蝗灾，只有赵州蝗虫不吃庄稼。

秋七月乙亥，春州突然发生的大水淹死了百姓。庚辰，郃阳下雨和冰雹。辛巳，太祖到玉津园，回宫时去了新池，视察水战训练。辛卯，太祖下诏让翰林学士陶谷、窦仪等人各自推荐一名能够胜任州郡通判职务的人，推荐不当的连同获罪。

九月甲戌初一，《周易》博士奚屿贬为乾州司户，库部员外郎王贻孙贬为左赞善大夫，都是因为考试品官子弟时不公正。戊子，延州下雨和冰雹。乙未，太祖到京城北郊视察庄稼。辛丑，太子太傅范质逝世。壬寅，潘美等人攻克郴州。

冬十月戊申，周纪王柴熙谨逝世，太祖停止上朝处理政事。

十一月甲戌，太祖命令忠武军节度使王全斌为西川行营前军兵马都部署，武信军节度使崔彦进任他的副手，率领步兵骑兵三万人从凤州道出发；江宁军节度使刘光义为四川行营前军兵马副都部署，枢密承旨曹彬任他的副手，率领步兵骑兵二万人从归州道出发讨伐后蜀。乙亥，太祖在崇德殿设宴招待西川行营将校，出示川峡地图，传授将领们攻取后蜀的措施方法，赐给每人金带玉带、衣物多少不等。壬辰，太祖在近郊打猎。

十二月乙巳，释放广南郴州都监陈琄等二百人。戊申，刘光义攻克夔州，后蜀节度使高彦俦自焚。丁巳，免征归州、峡州秋税。辛酉，王全斌攻克万仞、燕子两寨，攻下兴州，接连攻克石圌等二十几个营寨。甲子，刘光义攻克巫山等营寨，斩杀后蜀将领南光海等八千人，擒获后蜀战棹都指挥袁德宏等一千二百人。王全斌的先锋史进德在三泉寨打败后蜀军队，擒获后蜀节度使韩保正、李进等人。南唐进贡白银二万两、金银器皿几百件。庚午，太祖下诏招抚在山林中聚集藏匿的人。辛未，太祖在北郊打猎。

岳飞列传第一百二十四

岳飞，字鹏举，相州汤阴人。世力农。父和，能节食以济饥者。有耕侵其地，割而与之；贳其财者不责偿。飞生时，有大禽若鹄，飞鸣室上，因以为名。未弥月，河决内黄，水暴至，母姚抱飞坐瓮中，冲涛及岸得免，人异之。

少负气节，沈厚寡言，家贫力学，尤好《左氏春秋》、孙吴兵法。生有神力，未冠，挽弓三百斤，弩八石。学射于周同，尽其术，能左右射。同死，朔望设祭于其冢。父义之，曰：『汝为时用，其徇国死义乎。』

宣和四年，真定宣抚刘韐募敢战士，飞应募。相有剧贼陶俊、贾进和，飞请百骑灭之。遣卒伪为商入贼境，贼掠以充部伍。飞遣百人伏山下，自领数十骑逼贼垒。贼出战，飞阳北，贼来追之，伏兵起，先所遣卒擒俊及进和以归。

康王至相，飞因刘浩见，命招贼吉倩，倩以众三百八十人降。补承信郎。以铁骑三百往李固渡尝敌，败之。从浩解东京围，与敌相持于滑南，领百骑习兵河上。敌猝至，飞麾其徒曰：『敌虽众，未知吾虚实，当及其未定击之。』乃独驰迎敌。有枭将舞刀而前，飞斩之，敌大败。迁秉义郎，隶留守宗泽。战开德、曹州皆有功，泽大奇之，曰：『尔勇智才艺，古良将不能过，然好野战，非万全计。』因授以阵图。飞曰：『阵而后战，兵法之常，运用之妙，存乎一心。』泽是其言。

康王即位，飞上书数千言，大略谓：『陛下已登大宝，社稷有主，已足伐敌之谋，而勤王之师日集，彼方谓吾素弱，宜乘其怠击之。黄潜善、汪伯彦辈不能承圣意恢复，奉车驾日益南，恐不足系中原之望。臣愿陛下乘敌穴未固，亲率六军北渡，则将士作气，中原可复。』书闻，以越职夺官归。

诣河北招讨使张所，所待以国士，借补修武郎，充中军统领。所问曰：『汝能敌几何？』飞曰：『勇不足恃，用兵在先定谋，栾枝曳柴以败荆，莫敖采樵以致绞，皆谋定也。』所矍然曰：『君殆非行伍中人。』飞因说之曰：『国家都汴，恃河北以为固。苟冯据要冲，峙列重镇，一城受围，则诸城或挠或救，金人不能窥河南，而京师根本之地固矣。

招抚诚能提兵压境，飞唯命是从。』所大喜，借补武经郎。
命从王彦渡河，至新乡，金兵盛，彦不敢进。飞独引所部鏖战，夺其纛而舞，诸军争奋，遂拔新乡。翌日，战侯兆川，身被十余创，士皆死战，又败之。夜屯石门山下，或传金兵复至，一军皆惊，飞坚卧不动，金兵卒不来。食尽，走彦壁乞粮，彦不许。飞引兵益北，战于太行山，擒金将拓跋耶乌。居数日，复遇敌，飞单骑持丈八铁枪，刺杀黑风大王，敌众败走。飞自知与彦有隙，复归宗泽，为留守司统制。泽卒，杜充代之，飞居故职。
二年，战胙城，又战黑龙潭，皆大捷。从闾勍保护陵寝，大战汜水关，射殪金将，大破其众。驻军竹芦渡，与敌相持，选精锐三百伏前山下，令各以薪刍交缚两束，夜半，爇四端而举之。金人疑援兵至，惊溃。
三年，贼王善、曹成、孔彦舟等合众五十万，薄南薰门。飞所部仅八百，众惧不敌，飞曰：『吾为诸君破之。』左挟弓，右运矛，横冲其阵，贼乱，大败之。又擒贼杜叔五、孙海于东明。借补英州刺史。王善围陈州，飞战于清河，擒其将孙胜、孙清，授真刺史。
杜充将还建康，飞曰：『中原地尺寸不可弃，今一举足，此地非我有，他日欲复取之，非数十万众不可。』充不听，遂与俱归。师次铁路步，遇贼张用，至六合遇李成，与战，皆败之。成遣轻骑劫宪臣犒军银帛，飞进兵掩击之，成奔江西。时命充守建康，金人与成合寇乌江，充闭门不出。飞泣谏请视师，充竟不出。金人遂由马家渡渡江，充遣飞等迎战，王燮先遁，诸将皆溃，独飞力战。
会充已降金，诸将多行剽掠，惟飞军秋毫无所犯。兀术趋杭州，飞要击至广德境中，六战皆捷，擒其将王权，俘签军首领四十余。察其可用者，结以恩遣还，令夜斫营纵火，飞乘乱纵击，大败之。驻军钟村，军无见粮，将士忍饥，不敢扰民。金所籍兵相谓曰：『此岳爷爷军。』争来降附。
四年，兀术攻常州，宜兴令迎飞移屯焉。盗郭吉闻飞来，遁入湖，飞遣王贵、傅庆追破之，又遣辩士马皋、林聚尽降其众。有张威武者不从，飞单骑入其营，斩之。避地者赖以免，图飞像祠之。

金人再攻常州，飞四战皆捷；尾袭于镇江东，又捷；战于清水亭，又大捷，横尸十五里。兀术趋建康，飞设伏牛头山待之。夜，令百人黑衣混金营中扰之，金兵惊，自相攻击。兀术次龙湾，飞以骑三百、步兵二千驰至新城，大破之。兀术奔淮西，遂复建康。飞奏：『建康为要害之地，宜选兵固守，仍益兵守淮，拱护腹心。』帝嘉纳。兀术归，飞邀击于静安，败之。

诏讨戚方，飞以三千人营于苦岭。方遁，俄益兵来，飞自领兵千人，战数十合，皆捷。会张俊兵至，方遂降。范宗尹言张俊自浙西来，盛称飞可用，迁通、泰镇抚使兼知泰州。飞辞，乞淮南东路一重难任使，收复本路州郡，乘机渐进，使山东、河北、河东、京畿等路次第而复。

会金攻楚急，诏张俊援之。俊辞，乃遣飞行，而命刘光世出兵援飞。飞屯三墪为楚援，寻抵承州，三战三捷，杀高太保，俘酋长七十余人。光世等皆不敢前，飞师孤力寡，楚遂陷。诏飞还守通、泰，有旨可守即守，如不可，但于沙洲保护百姓，伺便掩击。飞以泰无险可恃，退保柴墟，战于南霸桥，金大败。渡百姓于沙上，飞以精骑二百殿，金兵不敢近。飞以泰州失守待罪。

绍兴元年，张俊请飞同讨李成。时成将马进犯洪州，连营西山。飞曰：『贼贪而不虑后，若以骑兵自上流绝生米渡，出其不意，破之必矣。』飞请自为先锋，俊大喜。飞重铠跃马，潜出贼右，突其阵，所部从之。进大败，走筠州。飞抵城东，贼出城，布阵十五里，飞设伏，以红罗为帜，上刺『岳』字，选骑二百随帜而前。贼易其少，薄之，伏发，贼败走。飞使人呼曰：『不从贼者坐，吾不汝杀。』坐而降者八万余人。进以余卒奔成于南康。飞夜引兵至朱家山，又斩其将赵万。成闻进败，自引兵十余万来。飞与遇于楼子庄，大破成军，追斩进。成走蕲州，降伪齐。

张用寇江西，用亦相人，飞以书谕之曰：『吾与汝同里，南薰门、铁路步之战，皆汝所悉。今吾在此，欲战则出，不战则降。』用得书曰：『果吾父也。』遂降。

江、淮平，俊奏飞功第一，加神武右军副统制，留洪州，弹压盗贼，授亲卫大夫、建州观察使。建寇范汝为陷邵武，江西安抚李回檄飞分兵保建昌军及抚州，飞遣人以『岳』字帜植城门，贼望见，相戒勿犯。贼党姚达、饶青逼建昌，飞遣王万、徐庆讨擒之。升神武副军都统制。

二年，贼曹成拥众十余万，由江西历湖湘，据道、贺二州。命飞权知潭州，兼权荆湖东路安抚都总管，付金字牌、黄旗招成。成闻飞将至，惊曰：『岳家军来矣。』即分道而遁。飞至茶陵，奉诏招之，成不从。飞奏：『比年多命招安，故盗力强则肆暴，力屈则就招，苟不略加剿除，蜂起之众未可遽殄。』许之。

飞入贺州境，得成谍者，缚之帐下。飞出帐调兵食，吏曰：『粮尽矣，奈何？』飞阳曰：『姑反茶陵。』已而顾谍若失意状，顿足而入，阴令逸之。谍归告成，成大喜，期翌日来追。飞命士蓐食，潜趋绕岭，未明，已至太平场，破其砦。成据险拒飞，飞麾兵掩击，贼大溃。成走据北藏岭、上梧关，遣将迎战，飞不阵而鼓，士争奋，夺二隘据之。成又自桂岭置砦至北藏岭，连控隘道，亲以众十余万守蓬头岭。飞部才八千，一鼓登岭，破其众，成奔连州。飞谓张宪等曰：『成党散去，追而杀之，则胁从者可悯，纵之则复聚为盗。今遣若等诛其酋而抚其众，慎勿妄杀，累主上保民之仁。』于是宪自贺、连，徐庆自邵、道，王贵自郴、桂，招降者二万，与飞会连州。进兵追成，成走宣抚司降。时以盛夏行师瘴地，抚循有方，士无一人死疠者，岭表平。授武安军承宣使，屯江州。甫入境，安抚李回檄飞捕剧贼马友、郝通、刘忠、李通、李宗亮、张式，皆平之。

三年春，召赴行在。江西宣谕刘大中奏：『飞兵有纪律，人恃以安，今赴行在，恐盗复起。』不果行。时虔、吉盗连兵寇掠循、梅、广、惠、英、韶、南雄、南安、建昌、汀、邵武诸郡，帝乃专命飞平之。飞至虔州，固石洞贼彭友悉众至雩都迎战，跃马驰突，飞麾兵即马上擒之，余酋退保固石洞。洞高峻环水，止一径可入。飞列骑山下，令皆持满，黎明，遣死士疾驰登山，贼众乱，弃山而下，骑兵围之。贼呼丐命，飞令勿杀，受其降。授徐庆等方略，捕诸郡余贼，皆破降之。初，以隆祐震惊之故，密旨令飞屠虔城。飞请诛首恶而赦胁从，不许，请至三四，帝乃曲赦。人感其德，绘像祠之。余寇高聚、张成犯袁州，飞遣王贵平之。

秋，入见，帝手书『精忠岳飞』字，制旗以赐之。授镇南军承宣使、江南西路沿江制置使，又改神武后军都统制，仍制置使，李山、吴全、吴锡、李横、牛皋皆隶焉。

伪齐遣李成挟金人入侵，破襄阳、唐、邓、随、郢诸州及信阳军，湖寇杨么亦与伪齐通，欲顺流而下，李成又欲自江西陆行，趋两浙与么会。帝命飞为之备。

四年，除兼荆南、鄂岳州制置使。飞奏：『襄阳等六郡为恢复中原基本，今当先取六郡，以除心膂之病。李成远遁，然后加兵湖湘，以殄群盗。』帝以谕赵鼎，鼎曰：『知上流利害，无如飞者。』遂授黄复州、汉阳军、德安府制置使。飞渡江中流，顾幕属曰：『飞不擒贼，不涉此江。』抵郢州城下，伪将京超号『万人敌』，乘城拒飞。飞鼓众而登，超投崖死，复郢州，遣张宪、徐庆复随州。飞趣襄阳，李成迎战，左临襄江，飞笑曰：『步兵利险阻，骑兵利平旷。成左列骑江岸，右列步平地，虽众十万何能为。』举鞭指王贵曰：『尔以长枪步卒击其骑兵。』指牛皋曰：『尔以骑兵击其步卒。』合战，马应枪而毙，后骑皆拥入江，步卒死者无数，成夜遁，复襄阳。刘豫益成兵屯新野，飞与王万夹击之，连破其众。

飞奏：『金贼所爱惟子女金帛，志已骄惰；刘豫僭伪，人心终不忘宋。如以精兵二十万，直捣中原，恢复故疆，诚易为力。襄阳、随、郢地皆膏腴，苟行营田，其利为厚。臣候粮足，即过江北剿戮敌兵。』时方重深入之举，而营田之议自是兴矣。

进兵邓州，成与金将刘合孛堇列砦拒飞。飞遣王贵、张宪掩击，贼众大溃，刘合孛堇仅以身免。贼党高仲退保邓城，飞引兵一鼓拔之，擒高仲，复邓州。帝闻之，喜曰：『朕素闻岳飞行军有纪律，未知能破敌如此。』又复唐州、信阳军。

襄汉平，飞辞制置使，乞委重臣经画荆襄，不许。赵鼎奏：『湖北鄂、岳最为上流要害，乞令飞屯鄂、岳，不惟江西藉其声势，湖、广、江、浙亦获安妥。』乃以随、郢、唐、邓、信阳并为襄阳府路隶飞，飞移屯鄂，授清远军节度使、湖北路、荆、襄、潭州制置使，封武昌县开国子。

兀术、刘豫合兵围庐州，帝手札命飞解围，提兵趋庐，伪齐已驱甲骑五千逼城。飞张『岳』字旗与『精忠』旗，金兵一战而溃，庐州平。飞奏：『襄阳等六郡人户阙牛、粮，乞量给官钱，免官私逋负，州县官以招集流亡为殿最。』

五年，入觐，封母国夫人；授飞镇宁、崇信军节度使，湖北路、荆襄潭州制置使，晋封武昌郡开国侯；又除荆湖南北、襄阳路制置使，神武后军都统制，命招捕杨么。飞所部皆西北人，不习水战，飞曰：『兵何常，顾用之何如耳。』先遣使招谕之。贼党黄佐曰：『岳节使号令如山，若与之敌，万无生理，不如往降。节使诚信，必善遇我。』遂降。飞表授佐武义大夫，单骑按其部，拊佐背曰：『子知逆顺者。果能立功，封侯岂足道？欲复遣子至湖中，视其可乘者擒之，可劝者招之，如何？』佐感泣，誓以死报。

时张浚以都督军事至潭，参政席益与浚语，疑飞玩寇，欲以闻。浚曰：『岳侯，忠孝人也，兵有深机，胡可易言？』益惭而止。黄佐袭周伦砦，杀伦，擒其统制陈贵等。飞上其功，迁武功大夫。统制任士安不禀王𤫩令，军以此无功。飞鞭士安使饵贼，曰：『三日贼不平，斩汝。』士安宣言：『岳太尉兵二十万至矣。』贼见止士安军，并力攻之。飞设伏，士安战急，伏四起击贼，贼走。

会召浚还防秋，飞袖小图示浚，浚欲俟来年议之。飞曰：『已有定画，都督能少留，不八日可破贼。』浚曰：『何言之易？』飞曰：『王四厢以王师攻水寇则难，飞以水寇攻水寇则易。水战我短彼长，以所短攻所长，所以难。若因敌将用敌兵，夺其手足之助，离其腹心之托，使孤立，而后以王师乘之，八日之内，当俘诸酋。』浚许之。

飞遂如鼎州。黄佐招杨钦来降，飞喜曰：『杨钦骁悍，既降，贼腹心溃矣。』表授钦武义大夫，礼遇甚厚，乃复遣归湖中。两日，钦说余端、刘诜等降，飞诡骂钦曰：『贼不尽降，何来也？』杖之，复令入湖。是夜，掩贼营，降其众数万。么负固不服，方浮舟湖中，以轮激水，其行如飞，旁置撞竿，官舟迎之辄碎。飞伐君山木为巨筏，塞诸港汊，又以腐木乱草浮上流而下，择水浅处，遣善骂者挑之，且行且骂。贼怒来追，则草木壅积，舟轮碍不行。飞亟遣兵击之，贼奔港中，为筏所拒。官军乘筏，张牛革以蔽矢石，举巨木撞其舟，尽坏。么投水，牛皋擒斩之。

飞入贼垒，余酋惊曰：『何神也！』俱降。飞亲行诸砦慰抚之，纵老弱归田，籍少壮为军，果八日而贼平。浚叹曰：『岳侯神算也。』初，贼恃其险曰：『欲犯我者，除是飞来。』至是，人以其言为谶。获贼舟千余，鄂渚水军为沿江之冠。诏兼蕲、黄制置使，飞以目疾乞辞军事，不许，加检校少保，进封公。还军鄂州，除荆湖南北、襄阳路招讨使。

六年，太行山忠义社梁兴等百余人，慕飞义率众来归。飞入觐，面陈：『襄阳自收复后，未置监司，州县无以按察。』帝从之，以李若虚为京西南路提举兼转运、提刑，又令湖北、襄阳府路自知州、通判以下贤否，许飞得自黜陟。

张浚至江上会诸大帅，独称飞与韩世忠可倚大事，命飞屯襄阳，以窥中原，曰：『此君素志也。』飞移军京西，改武胜、定国军节度使，除宣抚副使，置司襄阳。命往武昌调军。居母忧，降制起复，飞扶榇还庐山，连表乞终丧，不许，累诏趣起，乃就军。又命宣抚河东，节制河北路。首遣王贵等攻虢州，下之，获粮十五万石，降其众数万。张浚曰：『飞措画甚大，令已至伊、洛，则太行一带山砦，必有应者。』飞遣杨再兴进兵至长水县，再战皆捷，中原响应。又遣人焚蔡州粮。

九月，刘豫遣子麟、侄猊分道寇淮西，刘光世欲舍庐州，张俊欲弃盱眙，同奏召飞以兵东下，欲使飞当其锋，而己得退保。张浚谓：『岳飞一动，则襄汉何所制？』力沮其议。帝虑俊、光世不足任，命飞东下。飞自破曹成、平杨么，凡六年，皆盛夏行师，致目疾，至是，甚；闻诏即日启行，未至，麟败。飞奏至，帝语赵鼎曰：『刘麟败北不足喜，诸将知尊朝廷为可喜。』遂赐札，言：『敌兵已去淮，卿不须进发，其或襄、邓、陈、蔡有机可乘，从长措置。』飞乃还军。时伪齐屯兵窥唐州，飞遣王贵、董先等攻破之，焚其营。奏图蔡以取中原，不许。飞召贵等还。

七年，入见，帝从容问曰：『卿得良马否？』飞曰：『臣有二马，日啖刍豆数斗，饮泉一斛，然非精洁则不受。介而驰，初不甚疾，比行百里始奋迅，自午至酉，犹可二百里。褫鞍甲而不息不汗，若无事然。此其受大而不苟取，力裕而不求逞，致远之材也。不幸相继以死。今所乘者，日不过数升，而秣不择粟，饮不择泉，揽辔未安，踊跃疾驱，甫百里，力竭汗喘，殆欲毙然。此其寡取易盈，好逞易穷，驽钝之材也。』帝称善，曰：『卿今议论极进。』拜太尉，继除宣抚使兼营田大使。从幸建康，以王德、郦琼兵隶飞，诏谕德等曰：『听飞号令，如朕亲行。』

飞数见帝，谕恢复之略。又手疏言：『金人所以立刘豫于河南，盖欲荼毒中原，以中国攻中国，粘罕因得休兵观衅。臣欲陛下假臣月日，便则提兵趋京、洛，据河阳、陕府、潼关，以号召五路叛将。叛将既还，遣王师前进，彼必弃汴而走河北，京畿、陕右可以尽复。然后分兵浚、滑，经略两河，如此则刘豫成擒，金人可灭，社稷长久之计，实在此举。』帝答曰：『有臣如此，顾复何忧，进止之机，朕不中制。』又召至寝阁命之曰：『中兴之事，一以委卿。』命节制光州。

飞方图大举，会秦桧主和，遂不以德、琼兵隶飞。诏诣都督府与张浚议事，浚谓飞曰：『王德淮西军所服，浚欲以为都统，而命吕祉以督府参谋领之，如何？』飞曰：『德与琼素不相下，一旦揠之在上，则必争。吕尚书不习军旅，恐不足服众。』浚曰：『张宣抚如何？』飞曰：『暴而寡谋，尤琼所不服。』浚曰：『然则杨沂中尔？』飞曰：『沂中视德等尔，岂能驭此军？』浚艴然曰：『浚固知非太尉不可。』飞曰：『都督以正问飞，不敢不尽其愚，岂以得兵为念耶？』即日上章乞解兵柄，终丧服，以张宪摄军事，步归，庐母墓侧。浚怒，奏以张宗元为宣抚判官，监其军。

帝累诏趣飞还职，飞力辞，诏幕属造庐以死请，凡六日，飞趋朝待罪，帝慰遣之。宗元还言：『将和士锐，人怀忠孝，皆飞训养所致。』帝大悦。飞奏：『比者寝阁之命，咸谓圣断已坚，何至今尚未决？臣愿提兵进讨，顺天道，因人心，以曲直为老壮，以逆顺为强弱，万全之效可必。』又奏：『钱塘僻在海隅，非用武地。愿陛下建都上游，用汉光武故事，亲率六军，往来督战。庶将士知圣意所向，人人用命。』未报而郦琼叛，浚始悔。飞复奏：『愿进屯淮甸，伺便击琼，期于破灭。』不许，诏驻师江州为淮、浙援。

飞知刘豫结粘罕，而兀术恶刘豫，可以间而动。会军中得兀术谍者，飞阳责之曰：『汝非吾军中人张斌耶？吾向遣汝至齐，约诱至四太子，汝往不复来。吾继遣人问，齐已许我，今冬以会合寇江为名，致四太子于清河。汝所持书竟不至，何背我耶？』谍冀缓死，即诡服。乃作蜡书，言与刘豫同谋诛兀术事，因谓谍曰：『吾今贷汝。』复遣至齐，问举兵期，刲股纳书，戒勿泄。谍归，以书示兀术，兀术大惊，驰白其主，遂废豫。飞奏：『宜乘废豫之际，捣其不备，长驱以取中原。』不报。

八年，还军鄂州。王庶视师江、淮，飞与庶书：『今岁若不举兵，当纳节请闲。』庶甚壮之。秋，召赴行在，命诣资善堂见皇太子。飞退而喜曰：『社稷得人矣，中兴基业，其在是乎？』会金遣使将归河南地，飞言：『金人不可信，和好不可恃，相臣谋国不臧，恐贻后世讥。』桧衔之。

九年，以复河南，大赦。飞表谢，寓和议不便之意，有『唾手燕云，复仇报国』之语。授开府仪同三司，飞力辞，谓：『今日之事，可危而不可安，可忧而不可贺；可训兵饬士，谨备不虞，而不可论功行赏，取笑敌人。』三诏不受，帝温言奖谕，乃受。会遣士㒟谒诸陵，飞请以轻骑从洒埽，实欲观衅以伐谋。又奏：『金人无事请和，此必有肘腋之虞，名以地归我，实寄之也。』桧白帝止其行。

十年，金人攻拱、亳，刘锜告急，命飞驰援，飞遣张宪、姚政赴之。帝赐札曰：『设施之方，一以委卿，朕不遥度。』飞乃遣王贵、牛皋、董先、杨再兴、孟邦杰、李宝等，分布经略西京、汝、郑、颍昌、陈、曹、光、蔡诸郡；又命梁兴渡河，纠合忠义社，取河东、北州县。又遣兵东援刘锜，西援郭浩，自以其军长驱以阚中原。将发，密奏言：『先正国本以安人心，然后不常厥居，以示无忘复仇之意。』帝得奏，大褒其忠，授少保，河南府路、陕西、河东北路招讨使，寻改河南、北诸路招讨使。未几，所遣诸将相继奏捷。大军在颍昌，诸将分道出战，飞自以轻骑驻郾城，兵势甚锐。

兀术大惧，会龙虎大王议，以为诸帅易与，独飞不可当，欲诱致其师，并力一战。中外闻之，大惧，诏飞审处自固。飞曰：『金人伎穷矣。』乃日出挑战，且骂之。兀术怒，合龙虎大王、盖天大王与韩常之兵逼郾城。飞遣子云领骑兵直贯其阵，戒之曰：『不胜，先斩汝！』鏖战数十合，贼尸布野。

初，兀术有劲军，皆重铠，贯以韦索，三人为联，号『拐子马』，官军不能当。是役也，以万五千骑来，飞戒步卒以麻札刀入阵，勿仰视，第斫马足。拐子马相连，一马仆，二马不能行，官军奋击，遂大败之。兀术大恸曰：『自海上起兵，皆以此胜，今已矣！』兀术益兵来，部将王刚以五十骑觇敌，遇之，奋斩其将。飞时出视战地，望见黄尘蔽天，自以四十骑突战，败之。

方郾城再捷，飞谓云曰：『贼屡败，必还攻颍昌，汝宜速援王贵。』既而兀术果至，贵将游奕、云将背嵬战于城西。云以骑兵八百挺前决战，步军张左右翼继之，杀兀术婿夏金吾、副统军粘罕索孛堇，兀术遁去。

梁兴会太行忠义及两河豪杰等，累战皆捷，中原大震。飞奏：『兴等过河，人心愿归朝廷。金兵累败，兀术等皆令老少北去，正中兴之机。』飞进军朱仙镇，距汴京四十五里，与兀术对垒而阵，遣骁将以背嵬骑五百奋击，大破之，兀术遁还汴京。飞檄陵台令行视诸陵，葺治之。

先是，绍兴五年，飞遣梁兴等布德意，诏结两河豪杰，山砦韦铨、孙谋等敛兵固堡，以待王师，李通、胡清、李宝、李兴、张恩、孙琪等举众来归。金人动息，山川险要，一时皆得其实。尽磁、相、开德、泽、潞、晋、绛、汾、隰之境，皆期日兴兵，与官军会。其所揭旗以『岳』为号，父老百姓争挽车牵牛，载糗粮以馈义军，顶盆焚香迎候者，充满道路。自燕以南，金号令不行，兀术欲签军以抗飞，河北无一人从者。乃叹曰：『自我起北方以来，未有如今日之挫衄。』金帅乌陵思谋素号桀黠，亦不能制其下，但谕之曰：『毋轻动，俟岳家军来即降。』金统制王镇、统领崔庆、将官李觊崔虎华旺等皆率所部降，以至禁卫龙虎大王下忔查千户高勇之属，皆密受飞旗牓，自北方来降。金将军韩常欲以五万众内附。飞大喜，语其下曰：『直抵黄龙府，与诸君痛饮尔！』

方指日渡河，而桧欲画淮以北弃之，风台臣请班师。飞奏：『金人锐气沮丧，尽弃辎重，疾走渡河，豪杰向风，士卒用命，时不再来，机难轻失。』桧知飞志锐不可回，乃先请张俊、杨沂中等归，而后言飞孤军不可久留，乞令班师。一日奉十二金字牌，飞愤惋泣下，东向再拜曰：『十年之力，废于一旦。』飞班师，民遮马恸哭，诉曰：『我等戴香盆、运粮草以迎官军，金人悉知之。相公去，我辈无噍类矣。』飞亦悲泣，取诏示之曰：『吾不得擅留。』哭声震野，飞留五日以待其徙，从而南者如市，亟奏以汉上六郡闲田处之。

方兀术弃汴去，有书生叩马曰：『太子毋走，岳少保且退矣。』兀术曰：『岳少保以五百骑破吾十万，京城日夜望其来，何谓可守？』生曰：『自古未有权臣在内，而大将能立功于外者，岳少保且不免，况欲成功乎？』兀术悟，遂留。飞既归，所得州县，旋复失之。飞力请解兵柄，不许，自庐入觐，帝问之，飞拜谢而已。

十一年，谍报金分道渡淮，飞请合诸帅之兵破敌。兀术、韩常与龙虎大王疾驱至庐，帝趣飞应援，凡十七札。飞策金人举国南来，巢穴必虚，若长驱京、洛以捣之，彼必奔命，可坐而敝。时飞方苦寒嗽，力疾而行。又恐帝急于退敌，乃奏：『臣如捣虚，势必得利，若以为敌方在近，未暇远图，欲乞亲至蕲、黄，以议攻却。』帝得奏大喜，赐札曰：『卿苦寒疾，乃为朕行，国尔忘身，谁如卿者？』师至庐州，金兵望风而遁。飞还兵于舒以俟命，帝又赐札，以飞小心恭谨、不专进退为得体。兀术破濠州，张俊驻军黄连镇，不敢进；杨沂中遇伏而败，帝命飞救之。金人闻飞至，又遁。

时和议既决，桧患飞异己，乃密奏召三大将论功行赏。韩世忠、张俊已至，飞独后，桧又用参政王次翁计，俟之六七日。既至，授枢密副使，位参知政事上，飞固请还兵柄。五月，诏同俊往楚州措置边防，总韩世忠军还驻镇江。

初，飞在诸将中年最少，以列校拔起，累立显功，世忠、俊不能平，飞屈己下之，幕中轻锐教飞勿苦降意。金人攻淮西，俊分地也，俊始不敢行，师卒无功。飞闻命既行，遂解庐州围，帝授飞两镇节，俊益耻。杨么平，飞献俊、世忠楼船各一，兵械毕备，世忠大悦，俊反忌之。淮西之役，俊以前途粮乏訹飞，飞不为止，帝赐札褒谕，有曰：『转饷艰阻，卿不复顾。』俊疑飞漏言，还朝，反倡言飞逗留不进，以乏饷为辞。至视世忠军，俊知世忠忤桧，欲与飞分其背嵬军，飞义不肯，俊大不悦。及同行楚州城，俊欲修城为备，飞曰：『当戮力以图恢复，岂可为退保计？』俊变色。

会世忠军吏景著与总领胡纺言：『二枢密若分世忠军，恐至生事。』纺上之朝，桧捕著下大理寺，将以扇摇诬世忠。飞驰书告以桧意，世忠见帝自明。俊于是大憾飞，遂倡言飞议弃山阳，且密以飞报世忠事告桧，桧大怒。

初，桧逐赵鼎，飞每对客叹息，又以恢复为己任，不肯附和议。读桧奏，至『德无常师，主善为师』之语，恶其欺罔，恚曰：『君臣大伦，根于天性，大臣而忍面谩其主耶！』兀术遗桧书曰：『汝朝夕以和请，而岳飞方为河北图，必杀飞，始可和。』桧亦以飞不死，终梗和议，己必及祸，故力谋杀之。以谏议大夫万俟卨与飞有怨，风卨劾飞，又风中丞何铸、侍御史罗汝楫交章弹论，大率谓：『今春金人攻淮西，飞略至舒、蕲而不进，比与俊按兵淮上，又欲弃山阳而不守。』飞累章请罢枢柄，寻还两镇节，充万寿观使、奉朝请。桧志未伸也，又谕张俊令劫王贵、诱王俊诬告张宪谋还飞兵。

桧遣使捕飞父子证张宪事，使者至，飞笑曰：『皇天后土，可表此心。』初命何铸鞫之，飞裂裳以背示铸，有『尽忠报国』四大字，深入肤理。既而阅实无左验，铸明其无辜。改命万俟卨。卨诬：飞与宪书，令虚申探报以动朝廷，云与宪书，令措置使飞还军；且言其书已焚。

飞坐系两月，无可证者。或教卨以台章所指淮西事为言，卨喜白桧，簿录飞家，取当时御札藏之以灭迹。又逼孙革等证飞受诏逗留，命评事元龟年取行军时日杂定之，傅会其狱。岁暮，狱不成，桧手书小纸付狱，即报飞死，时年三十九。云弃市。籍家赀，徙家岭南。幕属于鹏等从坐者六人。

初，飞在狱，大理寺丞李若朴何彦猷、大理卿薛仁辅并言飞无罪，卨俱劾去。宗正卿士㒟请以百口保飞，卨亦劾之，窜死建州。布衣刘允升上书讼飞冤，下棘寺以死。凡傅成其狱者，皆迁转有差。

狱之将上也，韩世忠不平，诣桧诘其实，桧曰：『飞子云与张宪书虽不明，其事体莫须有。』世忠曰：『「莫须有」三字，何以服天下？』时洪皓在金国中，蜡书驰奏，以为金人所畏服者惟飞，至以父呼之，诸酋闻其死，酌酒相贺。

飞至孝，母留河北，遣人求访，迎归。母有痼疾，药饵必亲。母卒，水浆不入口者三日。家无姬侍。吴玠素服飞，愿与交欢，饰名姝遗之。飞曰：『主上宵旰，岂大将安乐时？』却不受，玠益敬服。少豪饮，帝戒之曰：『卿异时到河朔，乃可饮。』遂绝不饮。帝初为飞营第，飞辞曰：『敌未灭，何以家为？』或问天下何时太平，飞曰：『文臣不爱钱，武臣不惜死，天下太平矣。』

师每休舍，课将士注坡跳壕，皆重铠习之。子云尝习注坡，马踬，怒而鞭之。卒有取民麻一缕以束刍者，立斩以徇。

卒夜宿，民开门愿纳，无敢入者。军号『冻死不拆屋，饿死不卤掠』。卒有疾，躬为调药；诸将远戍，遣妻问劳其家；死事者哭之而育其孤，或以子婚其女。凡有颁犒，均给军吏，秋毫不私。

善以少击众。欲有所举，尽召诸统制与谋，谋定而后战，故有胜无败。猝遇敌不动，故敌为之语曰：『撼山易，撼岳家军难。』张俊尝问用兵之术，曰：『仁、智、信、勇、严，阙一不可。』调军食，必蹙额曰：『东南民力，耗敝极矣。』荆湖平，募民营田，又为屯田，岁省漕运之半。帝手书曹操、诸葛亮、羊祜三事赐之。飞跋其后，独指操为奸贼而鄙之，尤桧所恶也。

张所死，飞感旧恩，鞠其子宗本，奏以官。李宝自楚来归，韩世忠留之，宝痛哭愿归飞，世忠以书来谂，飞复曰：『均为国家，何分彼此？』世忠叹服。襄阳之役，诏光世为援，六郡既复，光世始至，飞奏先赏光世军。好贤礼士，览经史，雅歌投壶，恂恂如书生。每辞官，必曰：『将士效力，飞何功之有？』然忠愤激烈，议论持正，不挫于人，卒以此得祸。

桧死，议复飞官。万俟卨谓金方愿和，一旦录故将，疑天下心，不可。及绍兴末，金益猖獗，太学生程宏图上书讼飞冤，诏飞家自便。初，桧恶岳州同飞姓，改为纯州，至是仍旧。中丞汪澈宣抚荆、襄，故部曲合辞讼之，哭声雷震。孝宗诏复飞官，以礼改葬，赐钱百万，求其后悉官之。建庙于鄂，号忠烈。淳熙六年，谥武穆。嘉定四年，追封鄂王。

五子：云、雷、霖、震、霆。

【译文】

岳飞，字鹏举，相州汤阴人，世代务农，父亲岳和，能够节约食物以救济饥饿的人。有人耕田侵占了他家的土地，他便割让这块土地送给了这人；有人赊欠他的财物也不去索回。岳飞出生时，有一只像鹄一样的大鸟，在他的屋顶上飞旋鸣叫，因此而取名。没有满月，黄河在内黄决口，洪水汹涌冲来，母亲姚氏抱着岳飞坐在瓮中，被波涛冲到岸边得以幸免，人们认为这是一件不平常的事。

岳飞少年时有志气节操，性格朴实敦厚，很少说话，家庭贫穷却努力学习，尤其喜好《春秋左氏传》，孙、吴兵法。天生有神力，没有成年，能拉三百斤的硬弓，八石的强弩。向周同学习射箭，把周同射箭的技术全部掌握，能左右开弓。周同去世，岳飞每月初一、十五到他的坟上祭奠。父亲认为这样做很对，说：『你能为当今社会所用，必能为国殉身，为正义而死。』

宣和四年，真定宣抚使刘韐招募敢战士，岳飞应募。相州有大贼陶俊、贾进和，岳飞请求率领百名骑兵去消灭这些贼寇。他派遣士兵伪装成商人进入贼人盘踞的地区，贼寇掠夺这些人以扩充自己的部队。岳飞派遣一百人埋伏在山下，自己率领几十名骑兵逼近贼寇营垒。贼寇出战，岳飞假装败北，贼寇赶来追击，伏兵四起，先前派遣的士兵擒获陶俊和贾进和归还军营。

康王来到相州，岳飞因刘浩而见到康王，命令他去招安贼人吉倩，吉倩率领部众三百八十人投降。岳飞补为承信郎。率领铁骑三百前往李固渡试向敌军挑战，打败敌军。跟从刘浩解东京围，与敌军相持于滑州南面，岳飞率领百名骑兵在黄河上操练。敌军突然杀来，岳飞指挥自己的部队说：『敌军虽然众多，但不知我们虚实，应当趁他们立足未定攻击他们。』于是岳飞单骑冲向敌军。敌军的一员猛将挥舞大刀前来迎战，岳飞把他斩死，敌军大败。升秉义郎，隶属东京留守宗泽。转战开德府、曹州都立下战功，宗泽十分惊奇岳飞的才能，说：『你的勇敢机智、才能武艺，古代良将不能超过，然而你喜好野战，不是万全之计。』因此传授阵图给岳飞。岳飞说：『布阵之后战斗，这是兵法的常规，运用的妙处，在于将领一人的体会。』宗泽赞同岳飞的这个观点。

康王即位当皇帝，岳飞呈上长达数千言的奏章，大意是：『陛下已登皇位，社稷有了主人，已经有足够的讨伐敌人的谋略，而且援救皇帝的军队一天天地聚集，敌人认为我方一向懦弱，应该乘敌人懈怠而攻击他们。黄潜善、汪伯彦这些人不能秉承圣上心意恢复中原，却送皇上车驾一天天向南，这样恐怕不能维系中原百姓的敬仰。我希望陛下乘敌人巢穴尚未坚固，亲自率领六军北渡黄河，那么将士士气大振，中原可望恢复。』奏章上达朝廷，朝廷以岳飞越职上书罢免了他的官职，让他回乡。

岳飞投奔河北招讨使张所，张所用国士的礼仪接待他，借补为修武郎，充任中军统领。张所问道：『你能抵挡多少敌人？』岳飞说：『作战不能只靠勇猛，用兵在于战前制定谋略，栾枝用拖树枝的计策打败楚国，莫敖用派兵打柴的计策打败绞国，都是制定谋略的结果。』张所肃然起敬地说：『您大概不是行伍出身的人。』岳飞借机对他说：『国家定都在汴梁，依靠河北作为安全保障。如果占据交通要地，屹立起系列有重兵驻守的城池，一座城池受到敌军包围，其他城镇或是阻挠敌人援军，或是救援被围的城市，金人不能窥伺河南，而京城根本之地就能巩固了。您如果能率领部队迫近敌境，岳飞绝对听从您的命令。』张所十分高兴，借补岳飞为武经郎。

命令岳飞跟随王彦渡黄河，到达新乡，金兵很多，王彦不敢前进。岳飞率领自己的部队与金军激战，夺取金军大旗挥舞，众将士奋勇争先，于是攻占新乡。第二天，在侯兆川与金军交战，岳飞负伤十多处，士兵都拼死战斗，又打败金军。夜晚驻扎在石门山下，有人传说金兵又来了，全军都很惊慌，岳飞坚持躺着不为所动，金兵终于没来。粮食没有了，岳飞到王彦营中求借军粮，王彦不答应。岳飞率领军队更加向北，战斗在太行山，擒获金将拓跋耶乌。住了几天，又遭遇敌军，岳飞单骑拿着丈八铁枪，刺死黑风大王，敌军溃败逃走。岳飞自知和王彦有矛盾，又重归宗泽部下，任留守司统制。宗泽死，杜充替代宗泽，岳飞仍任原职。

建炎二年，在胙城作战，又在黑龙潭作战，都取得大捷。跟从闾勍保护帝王陵寝，大战汜水关，射死金将，大破金军。驻军竹芦渡，与敌军相持，岳飞挑选三百名精锐士兵埋伏在前山脚下，命令他们各自扎好两束交叉的柴草，半夜，点燃两束柴草的四头并高举起来，金兵怀疑宋援军来到，惊慌溃逃。

建炎三年，贼寇王善、曹成、孔彦舟等聚合部众五十万，迫近南薰门。岳飞统率的部队仅八百人，众人惧怕打不过敌军，岳飞说：『我为诸位破敌。』左手挟着弓，右手运矛，横冲敌阵，贼寇慌乱，被打得大败。又在东明擒获贼寇杜叔五、孙海。岳飞借补英州刺史。王善包围陈州，岳飞在清河与敌交战，擒获敌将孙胜、孙清，升任真刺史。

杜充将要返还建康，岳飞说：『中原土地一尺一寸也不能放弃，今天一走，这块地方就不属于我们所有，他日想要重新收复它，非几十万大军不可。』杜充不听，于是和杜充一起南归。军队到了铁路步，遭遇贼寇张用，到六合遭遇李成，和他们作战，把他们都打败了。李成派遣轻骑兵劫持御史犒军的银两丝帛，岳飞进兵掩蔽袭击，李成奔逃到江西。当时命令杜充守卫建康，金兵和李成联合进犯乌江，杜充闭门不出。岳飞流着眼泪进谏，请求杜充视察军队，杜充竟然不出来。于是金兵从马家渡渡过长江，杜充派遣岳飞等人迎战，王瓔首先逃跑，其他将领也都溃逃，唯独岳飞奋力战斗。

恰逢杜充已经投降金军，将领大多进行剽窃掠夺，唯有岳飞军队秋毫无犯。兀术进军杭州，岳飞在广德境内拦腰截击，六战全胜，擒获金将王权，俘虏金军首领四十多人。岳飞考察出其中可以利用的人，结下恩情之后让他们返回金营，命令他们夜间在营寨中砍杀纵火，岳飞乘乱直攻，把金军打得大败，驻军钟村，军中没有存粮，将士忍饥挨饿，也不敢骚扰百姓。金朝所征集的士兵互相说：『这是岳爷爷的军队。』争相前来投降归附。

建炎四年，兀术进攻常州，宜兴县令迎接岳飞移驻宜兴。强盗郭吉听说岳飞来了，逃入太湖，岳飞派遣王贵、傅庆追击并打败了他们，又派能说会辩的马皋、林聚劝说他们全部投降。有个叫张威武的不肯服从，岳飞单骑进入他的营寨，把他斩杀。避乱到此地居住的人们因此而得到幸免，他们画岳飞像供奉他。

金军再次进攻常州，岳飞四战四胜；尾追袭击金兵于镇江东，又胜；在清水亭作战中，再次大胜，金兵尸横遍野长达十五里。兀术奔向建康，岳飞在牛头山设下埋伏等待他们。夜里，命令一百名士兵身穿黑色衣服混入金营骚扰，金兵慌乱，自相攻击。兀术驻扎龙湾，岳飞率领骑兵三百名、步兵两千名急行军到新城，把金兵打得大败。兀术奔逃到淮西，宋军于是收复建康。岳飞上奏说：『建康是要害之地，应挑选士兵固守，还须增加兵力守两淮，保护心腹地区。』皇帝赞许采纳。兀术归还北方，岳飞在静安拦击，打败了金兵。

奉诏讨伐戚方，岳飞率领三千人在苦岭安营。戚方逃跑，不久增加了兵力又回来，岳飞亲自领兵一千人，激战几十回合，全部取胜。恰好张俊军队到来，戚方于是投降。范宗尹说张俊从浙西来朝廷，十分称赞岳飞可用，岳飞升任通、泰镇抚使兼知泰州。岳飞推辞，请求担任淮南东路的一个重要而困难的职务，以收复本路州郡，抓住机会渐渐推进，使山东、河北、河东、京畿等路陆续得到收复。

当金兵加紧进攻楚州时，诏命张俊援救楚州。张俊推辞，于是派遣岳飞前去，并命令刘光世出兵支援岳飞。岳飞屯兵三墪作为楚州的援军，不久抵达承州，三战三捷，杀死高太保，俘获敌军首领七十多人。刘光世等部都不敢前进，岳飞孤军作战兵力单薄，于是楚州沦陷。诏命岳飞还军守通州、泰州，有圣旨说可以守就守，如守不住，只要在沙州保护百姓，寻找机会袭击敌人。岳飞因为泰州无险可以凭恃，退兵保卫柴墟，在南霸桥作战中，金军大败。在沙州护送百姓渡江，岳飞率领二百名精锐骑兵殿后，金兵不敢靠近。岳飞因泰州失守等待朝廷处分。

绍兴元年，张俊请岳飞一起讨伐李成。当时李成部将马进侵犯洪州，在西山连营扎寨。岳飞说：『贼人贪心而不考虑后路，假如派骑兵从上流生米渡过江，出其不意，必然能够破敌。』岳飞请求亲自担任先锋，张俊大喜。岳飞身披重甲跳上马，悄悄出现在贼人右翼，突入贼兵阵地，部下跟随进攻。马进大败，逃到筠州。岳飞抵达城东，贼人出城，布下战阵长十五里，岳飞设埋伏，以红色的罗做旗帜，上绣『岳』字，挑选二百名骑兵跟随旗帜前进。贼人轻视岳飞兵少，逼近岳飞军队，埋伏的军队突然杀出，贼兵大败逃走。岳飞派人大声呼喊：『不愿跟随贼寇的人坐下，我不杀你们。』坐下投降的有八万多人。马进率领残余士卒到南康投奔李成。夜里，岳飞率领军队到朱家山，又斩杀马进部将赵万。李成听到马进兵败的消息，亲自带领军队十多万人来犯。岳飞与李成在楼子庄遭遇，大破李成军队，追击并杀死了马进。李成败走蕲州，投降伪齐。

张用进犯江西。张用也是相州人，岳飞写信告谕他说：『我和你同乡同里，南薰门、铁路步的战斗，都是你所知道的。今天我在这里，你打算作战就出来，不战就投降。』张用接到岳飞的信说：『果真是我的岳爷爷。』于是投降。

江、淮平定，张俊奏报岳飞战功第一，朝廷加封岳飞为神武右军副统制，留守洪州，镇压盗贼，授予他亲卫大夫、建州观察使。建州贼寇范汝为攻陷邵武，江西安抚使李回召岳飞分兵保卫建昌军及抚州，岳飞派人把绣着『岳』字的旗帜插在城门上，贼寇望见，互相告诫不要去侵犯。贼寇同党姚达、饶青逼近建昌，岳飞派遣王万、徐庆讨伐并擒获了他们。岳飞升任神武副军都统制。

绍兴二年，贼寇曹成率领部众十多万人，由江西经湖湘，占据道、贺二州。命令岳飞权知潭州，兼权荆湖东路安抚都总管，付给他金字牌、黄旗招安曹成。曹成听说岳飞将来，惊呼：『岳家军来了。』立刻分路逃跑。岳飞到茶陵，奉诏招安曹成，曹成不听从。岳飞上奏说：『近年来多次命令招安，因此盗贼兵力强大时就恣行暴虐，被制服时就接受招安，如果不稍加剿灭铲除，蜂拥而起的盗贼就不可能迅速剿灭。』皇帝同意他的意见。

岳飞进入贺州境内，抓到曹成的探子，捆缚在帐下，岳飞出帐调动军粮，管军粮的吏说：『粮食已吃完，怎么办？』岳飞假装说：『暂且返回茶陵。』随即回头看到探子，好像因泄露军情而很懊悔的样子，跺脚进入中军帐，暗地下令放探子逃跑。探子回去告诉曹成，曹成大喜，期待第二天来追击岳飞军队。岳飞命令士兵早起身吃饱饭，暗暗绕岭急行，天没亮，已到太平场，攻破曹成营寨。曹成占据险要地形抗拒岳飞，岳飞指挥军队偷袭敌军，贼寇大败溃逃。曹成逃到北藏岭、上梧关盘踞，派遣将领迎战，岳飞没有摆开阵势就擂鼓出击，士兵个个奋勇争先，夺取两个关隘据守。曹成又从桂岭一直到北藏岭设置营寨，接连控制险要通道，亲自率领部众十多万人守蓬头岭。岳飞部队才八千人，一鼓作气登上山岭，击溃曹成大军。曹成奔逃到连州。岳飞对张宪等人说：『曹成同党已经溃散，赶上去杀死他们，那么胁从者却是让人怜悯，放跑他们，就会重新聚集起来成为盗贼。今天派遣你们去诛杀他们的首领而安抚他们的部众，小心不要妄加杀戮，使皇帝保护百姓的仁德受到损害。』于是张宪自贺州、连州，徐庆自邵州、道州，王贵自郴州、桂州，招降曹成部下二万人，与岳飞在连州会合。进军追击曹成，曹成到宣抚司投降。盛夏季节在有瘴气的地区行军，岳飞抚慰军队有法，士兵没有一人死于瘟疫，岭表平定。岳飞被授予武安军承宣使，驻屯江州。刚刚入境，安抚使李回召岳飞捕捉大贼马友、郝通、刘忠、李通、李宗亮、张式，他都一一平定了。

绍兴三年春天，召岳飞到行在杭州。江西宣谕刘大中上奏说：『岳飞的军队有纪律，百姓依靠他们得到安定，今天召他到行在来，恐怕盗贼又会重新起来作乱。』最后岳飞没有去行在。当时虔州、吉州的盗贼联合兵力进犯掠夺循、梅、广、惠、英、韶、南雄、南安、建昌、汀、邵武等州府，高宗给岳飞专决行事的权力讨平这些盗贼。岳飞到虔州，固石洞贼寇彭友率领全部人员到雩都迎战，跃马奔驰突击，岳飞指挥士兵在马上把他擒获，其余的贼寇首领退兵保卫固石洞。固石洞地势很高，有水环绕，只有一条小路可以通入。岳飞让骑兵在山下列队，命令他们都拉满弓弦，黎明，派敢死队迅速奔驰登山，贼兵大乱，放弃山头逃下来，岳飞的骑兵包围了他们。贼寇呼喊乞求饶命，岳飞下令不要屠杀，接受他们的投降。教给徐庆等人计谋，搜捕其他州府的剩余贼寇，攻破并迫使他们投降。当初，因为隆祐太后受震惊的缘故，高宗密令岳飞屠虔州城。岳飞请求诛杀首恶而赦免胁从，高宗不许；岳飞请求三四次，高宗才特令赦免了虔州城。百姓感谢岳飞的恩德，绘岳飞像供奉。剩余的贼寇高聚、张成侵犯袁州，岳飞派遣王贵平定了他们。

秋天，岳飞入朝见高宗，高宗亲自书写『精忠岳飞』四个字，制成旗帜赐给岳飞。任命他为镇南军承宣使、江南西路沿江制置使，又改任神武后军都统制，仍旧保留制置使的职务，李山、吴全、吴锡、李横、牛皋都归他统辖。

伪齐派遣李成依仗金兵入侵，攻破襄阳、唐、邓、随、郢等州府以及信阳军，洞庭湖盗寇杨么也和伪齐联络，打算顺流而下，李成又打算从江西陆路进攻，直趋两浙和杨么会合，高宗命令岳飞做好准备。

绍兴四年，任命岳飞兼任荆南、鄂州岳州制置使。岳飞上奏说：『襄阳等六个州郡是收复中原的根本，今天应当先攻取这六个州郡，以解除心腹之患。迫使李成远远逃走，然后在湖湘地区增加兵力，以歼灭所有的盗寇。』高宗把岳飞的建议告诉赵鼎，赵鼎说：『知道上流利害，没有如岳飞的人。』于是任命岳飞为黄州、复州、汉阳军、德安府制置使。岳飞渡到长江中流，回头对幕僚部属们说：『我不擒获贼寇，再不渡过此江。』抵达郢州城下，伪将京超号称『万人敌』，凭借坚城抗拒岳飞。岳飞擂鼓摧动士兵登城，京超跳崖而死，收复郢州，派遣张宪、徐庆收复随州。岳飞赶到襄阳，李成迎战，左翼靠着襄江，岳飞笑道：『步兵适宜在险阻地区作战，骑兵适宜在开阔平地作战。李成左翼骑兵排列在江岸，右翼步兵排列在平地，虽有十万军队又能有什么作为。』他举起马鞭指着王贵说：『你用使长枪的步兵进攻李成的骑兵。』指着牛皋说：『你用骑兵攻击他的步兵。』两军交锋，李成军的战马应枪倒毙，后面的骑兵都被挤着掉入江中，步兵死亡的人不计其数，李成连夜逃走，岳飞收复襄阳。刘豫增加李成兵力驻守新野，岳飞和王万两面夹击，接连打败李成的军队。

岳飞上奏说：『金人所爱的只有子女金帛，意志已经骄逸怠惰；刘豫超越本分建立伪政权，人心终究不忘大宋。如果派精兵二十万，直捣中原，恢复原有的疆土，实在是容易做到的。襄阳、随州、郢州土地都十分肥沃，假如实行营田，好处很大。我等到军粮充足，就过到江北剿杀敌兵。』当时正重视深入北方举动之际，因而营田的议论从此多了起来。

岳飞进军邓州，李成和金将刘合孛堇排列营寨抗拒岳飞。岳飞派遣王贵、张宪乘敌军不备发起攻击，敌军大败，仅有刘合孛堇只身逃脱。李成的党羽高仲退保邓州城，岳飞率领军队一鼓作气攻下邓州城，擒获高仲，收复邓州。高宗听到这消息，高兴地说：『我早就听说岳飞行军有纪律，不知道他也能如此攻战破敌。』又收复唐州、信阳军。

襄汉地区平定，岳飞辞去制置使，请求委派重臣经营治理荆襄地区，高宗不同意。赵鼎上奏说：『湖北鄂州、岳州是上流的要害，请求命令岳飞驻屯鄂州、岳州，不仅江西可以借助他的声势，湖、广、江、浙也可以获得安定。』于是以随州、郢州、唐州、邓州、信阳军合为襄阳府路隶属岳飞，岳飞移驻鄂州，朝廷授他为清远军节度使，湖北路、荆、襄、潭州制置使，封爵为武昌县开国子。

兀术、刘豫合兵包围庐州，高宗亲自写信命令岳飞解围，岳飞率领军队赶往庐州，伪齐已驱使五千名铁甲骑兵进逼城下。岳飞打出『岳』字旗和『精忠』旗，金兵一交战就溃败了，庐州恢复了平静。岳飞上奏说：『襄阳等六郡的农家缺少耕牛、粮食，请朝廷酌量贷给官钱，免除他们拖欠的公私债务，州县官员以招集流亡百姓多少作为考核政绩优劣的标准。』

绍兴五年，岳飞到朝廷觐见高宗，高宗封岳飞母亲为国夫人；授予岳飞镇宁、崇信军节度使，湖北路、荆襄潭州制置使，晋封为武昌郡开国侯；又任命他为荆湖南北路、襄阳路制置使，神武后军都统制，命令他招捕杨么。岳飞所辖部队都是西北人，不习惯水战，岳飞说：『战斗哪有常规，看你如何用兵罢了。』他先派遣使臣招谕杨么。贼寇同党黄佐说：『岳节使号令如山，假如和他敌对抗衡，绝没有能活着的理由，不如去岳飞军前投降。节度使是真诚讲信用的人，必然会好好对待我们。』于是投降。岳飞上表授予黄佐武义大夫，自己单骑巡视黄佐的部队，抚摸黄佐的背说：『你是知道逆顺的人。果真能立功，封侯难道还用说？我打算派你重新到洞庭湖中去，看到杨么军队中有把握制服的人就擒获他，可以劝降的人就劝降，怎么样？』黄佐感激流泪，发誓以死报答。

当时张浚以都督军事的身份来到潭州，参政席益对张浚说，怀疑岳飞玩忽贼寇，想把这情况报告朝廷。张浚说：『岳侯是一个忠孝的人，用兵有机密，怎么可以随便议论呢？』席益感到惭愧而就此为止。黄佐袭击周伦营寨，杀死周伦，擒获他的统制陈贵等人。岳飞上报黄佐战功，升黄佐为武功大夫。统制官任士安不服从王𤫉命令，军队因此没有立功。岳飞鞭打任士安并命令他做钓饵引诱贼寇，说：『三天中没有扫平贼寇，杀你的头。』任士安到处扬言：『岳太尉军队二十万到了。』贼寇看到只是任士安一支军队，集中兵力进攻他。岳飞设置埋伏，任士安战斗危急时，伏兵四起攻击贼寇，贼寇逃走。

恰好召还张浚防备金兵秋季入侵，岳飞从衣袖中取出一幅小图给张浚看，张浚打算等来年商议这件事。岳飞说：『已经有了确定的计划，都督能够稍稍留几天，不用八天可以攻破贼寇。』张浚说：『怎么说得这么容易？』岳飞说：『王四厢用官军攻打水寇就困难，我用水寇攻打水寇就容易。水战是我们的短处他们的长处，用我们的短处攻击敌人的长处，所以困难。假如沿用敌将使用敌兵，使敌人首领失去手足的帮助，断绝敌人心腹地区的依托，使它孤立，而后用官军乘机进攻，八天之内，应当俘获敌人的首领。』张浚同意这样做。

于是岳飞往鼎州。黄佐招杨钦来投降，岳飞高兴地说：『杨钦骁勇强悍，既然他都投降，贼寇的心腹崩溃了。』

上表朝廷授予杨钦武义大夫的官阶，礼遇很隆重，仍旧派遣他重新回到湖中。两天后，杨钦劝说余端、刘诜等人投降，岳飞假装骂杨钦说：『贼寇没有全部投降，你为什么来？』用杖打他，重新命令他进湖。当天夜里，岳飞军队偷袭贼寇营垒，贼寇有几万人投降。杨么依仗地势险固不肯降服，正在湖中驾着船，用水轮拨水，航行如飞。船两侧装置撞竿，官船迎上去就被撞得粉碎。岳飞砍伐君山上的树木制成巨大的木筏，堵塞湖湾港汊，又在上流投下腐木乱草，让它顺流而下，选择水浅的地方，派遣善于辱骂的士兵挑逗贼寇，一边走一边骂。贼寇愤怒来追，因乱草腐木堆积堵塞水道，敌船的水轮受阻不能转动。岳飞迅急派兵进攻，贼寇奔逃到港湾中，又被木筏拦阻。官军乘着木筏，用张开的牛皮革遮挡弓箭石块，举着大木头撞击贼船，把敌船全部撞坏。杨么跳水，被牛皋捉住斩首。岳飞进入贼军营垒，余下的贼寇首领惊奇地说：『真神啊！』都投降了。岳飞亲自到各个营寨安抚劝慰投降的贼寇，释放年老体弱的人回乡，登记年轻力壮的人编入官军。果然八天内将贼寇平定。张俊惊叹道：『岳侯真是神机妙算啊。』当初，贼寇凭借天险说：『要来攻打我的人，除非是从天上飞来。』这时，人们认为这是应验了岳飞来的谶语。缴获贼船千余艘，鄂州水军成为沿江水军中装备最好的。诏命岳飞兼任蕲、黄制置使，岳飞以眼睛有病请求辞去军事职务，皇帝不同意，加升岳飞为检校少保，进封公。岳飞率领军队回到鄂州，被任命为荆湖南北、襄阳路招讨使。

绍兴六年，太行山忠义社梁兴等一百多人，仰慕岳飞的忠义，率领部下来归顺。岳飞入朝觐见高宗，当面陈述说：『自从襄阳收复后，没有设置监司机构，无法巡察州县。』高宗接受这个意见，任命李若虚为京西南路提举兼任转运使、提点刑狱，又命令湖北、襄阳府路自知州、通判以下官员善恶如何，允许岳飞可以自行罢免或提升。

张浚到长江边会见各位军事统帅，唯独称赞岳飞和韩世忠可以依靠成大事。张浚命令岳飞驻军襄阳，以便等候时机收复中原，并说：『这是你的一贯志向。』岳飞把军队转移到京西，改任武胜、定国军节度使，并任宣抚副使，在襄阳设置宣抚司。命令岳飞前往武昌调动军队。岳飞因母亲去世在家守丧，高宗降下诏令要岳飞在守丧未满就应诏复职，岳飞护送母亲的棺木回到庐山，接连上表请求守满丧期，高宗不同意，几次下诏催促岳飞复职，于是岳飞回到军队。

又命令岳飞处理河东路的军政大事，管辖河北路。岳飞首先派遣王贵等人进攻虢州，攻克虢州，缴获粮食十五万石，敌军有几万人投降。张浚说：『岳飞等措计划很大，他的命令已到伊水、洛水一带，那么太行山一带的山寨，必然会有响应的人。』岳飞派遣杨再兴进兵到长水县，几次作战都取胜，中原响应。岳飞又派人焚烧蔡州的粮食。

九月，刘豫派遣儿子刘麟、侄子刘猊分路进犯淮西地区，刘光世打算放弃庐州，张俊打算放弃盱眙，一同上奏要求召岳飞率领军队东下，想让岳飞部队抵挡敌军的锋芒，而自己能够退守自保。张浚说：『岳飞军队一走，襄阳地区靠什么控制？』极力反对这个建议。皇帝担心张俊、刘光世不能担此重任，命令岳飞东下。自从岳飞攻破曹成，平定杨么，前后六年，都是在盛夏时行军作战，导致眼睛生病，到这时候，眼病很严重，接到诏命岳飞当天启程出发，没有到，刘麟兵败。岳飞奏状到朝廷，高宗对赵鼎说：『刘麟败北不足以高兴，各位将领知道遵从朝廷是可喜的。』于是赐给岳飞书信说：『敌兵已经离开淮河地区，你不必继续前进，或许襄、邓、陈、蔡地区有机可乘，从长计划处置。』岳飞于是撤回军队。当时伪齐聚集军队等待时机进犯唐州，岳飞派遣王贵、董先等人攻破敌军，焚烧敌军营寨。上奏计划夺取蔡州以进军收复中原，皇帝不准，岳飞召王贵等人回来。

绍兴七年，入朝见高宗皇帝，皇帝从容地问岳飞：『你得到良马没有？』岳飞回答说：『我有两匹马，每天吃几斗草料豆子，饮一斛泉水，然而料不精水不洁就不吃不饮。披挂鞍甲奔驰，开始跑得不太快，等到跑了百里开始奋起加速，自午时到酉时，还可以奔跑二百里。卸下鞍甲也不喘急流汗，好像没有事一样。这是它吃喝量大而不贪吃滥饮，力量充裕而不求逞一时之速，是能跑得远的良材。不幸相继死亡。今天我所乘坐的马匹，一天吃草料不过几升，而且吃草料不挑食，饮水不选择泉眼，缰绳还没有拿稳当，踊跃急奔，才跑了一百里，力量枯竭而流汗气喘，像要倒毙一样。这是它吃喝不多容易得到满足，好逞能卖弄而力量容易枯竭，是马匹中平庸低下的材料。』高宗称赞岳飞说得好，说：『你今天的议论很有可取之处。』任命岳飞为太尉。接着任命岳飞为宣抚使兼任营田大使。跟随高宗来到建康，高宗把王德、郦琼的军队隶属岳飞指挥，下诏晓谕王德等人说：『听从岳飞的号令，如同我亲自行令。』

岳飞几次见到高宗，谈论恢复中原的谋略。又手写奏章说：『金人所以在河南立刘豫，是想残害中原，用中国人攻打中国人，粘罕因此可以休整军队，找机会进攻。我希望陛下给予我一些时间，有机会时就带领军队直奔汴京、洛阳，占据河阳、陕州、潼关，以此来号召五路的叛将。叛将既然归顺，派遣官军前进，敌军必然放弃汴京而逃奔河北，京畿、陕右可以全部收复。然后分兵进攻浚州、滑州，经营收复两河地区，这样刘豫定被擒获，金人可以消灭，国家的长久之计，实在于这一行动了。』高宗回答说：『有你这样的大臣，还有什么忧虑，进退的时机，我不做规定。』又把岳飞召到寝阁命令他说：『中兴的大事，全委托你了。』命令岳飞管辖光州。

岳飞刚刚计划大的军事行动，恰逢秦桧主张和谈，于是不把王德、郦琼的军队隶属岳飞统辖。诏令岳飞到都督府和张浚议事，张浚对岳飞说：『王德为淮西军所佩服，我想任命他为都统，而任命吕祉以都督府参谋的身份统辖这支军队，怎么样？』岳飞说：『王德和郦琼一向不相上下，一旦提拔王德位于郦琼之上，那必然争执。吕尚书不熟悉军队，恐怕不能使众人服从。』张浚说：『张宣抚怎么样？』岳飞回答说：『残暴而缺少智谋，尤其为郦琼所不服。』张浚说：『那么杨沂中怎样？』岳飞说：『杨沂中看来和王德差不多，岂能驾驭这支军队？』张浚恼怒地说：『我知道非太尉你不可。』岳飞说：『都督光明正大地问我的意见，我不敢不全部说出我的愚见，哪里是想得到兵权呀？』当天岳飞上奏章请求解除兵权，服满守丧期，让张宪代理指挥军队，自己步行回乡，在母亲墓旁搭建小屋居住以守护坟墓。张浚愤怒，奏明皇帝让张宗元为宣抚判官，监督岳飞的军队。

高宗几次下诏催促岳飞复职，岳飞极力推辞，高宗下诏命令岳飞的幕僚部属到岳飞守丧的小屋去，死也要把他请回来，有六天时间，岳飞赶到朝廷等待责罚，高宗安慰他并把他派回军队。张宗元回来说：『将领团结和睦，士兵锐气十足，人人满怀忠孝，这都是岳飞培养教育的结果。』高宗十分高兴。岳飞上奏说：『近来在寝阁下达的命令，都说陛下的决心已定，为什么至今还没有决定？我愿意带领军队进讨，顺应天道，符合民心，我军师出有名则士气旺盛，敌军师出无名则士气沮丧，我军顺应天道则强大，敌军违背人心则虚弱，必然可以收到万全的效果。』又上奏说：『钱塘地处偏僻的海边，不是用武之地。我希望陛下在上游建都，效法汉光帝当年的做法，亲自统率六军，往来各个战场督战，使全军将士知道陛下的意图所向，人人会拼死效力。』没有得到回答而郦琼叛变，张浚开始后悔了，岳飞又奏道：『我愿意进军驻扎在淮河流域，等到机会便进攻郦琼，必定消灭他。』高宗不同意，诏令岳飞军队驻扎江州作为淮、浙两地的后援。

岳飞知道刘豫勾结粘罕，而兀术厌恶刘豫，可以离间他们而后行动。恰好军队中捕获兀术的探子，岳飞假装责备他说：『你不是我军中的张斌吗？我以前派你到齐国去，约定引诱四太子兀术来，你去后不再回来，我再派人去询问，齐国已经答应我，今年冬天以联合进攻长江为名，把四太子诱到清河。你拿去的书信竟然没有送到，为什么要背叛我？』敌探希望不被处死，就假意服罪。岳飞又写了一封蜡丸信，写着和刘豫共同策划诛杀兀术的事情，而且对敌探说：『我今天饶恕你。』又派他到齐国去，询问军事行动的日期，割开敌探的大腿把蜡丸藏在里面，警告他不得泄露，敌探回去，把蜡书交给了兀术，兀术大吃一惊，迅速报告金国皇帝，于是废掉了刘豫。岳飞上奏说：『应该乘废掉刘豫的机会，攻其不备，长驱直入进取中原。』没有得到朝廷的答复。

绍兴八年，岳飞率领军队回到鄂州。王庶在江、淮地区视察军队，岳飞写信给王庶说：『今年如果不进兵，我就交还符节请求辞职过清闲的日子。』王庶鼓励岳飞。秋天，岳飞奉诏去行在杭州，命令他去资善堂见皇太子。岳飞退下后高兴地说：『国家得到主人了，中兴的基业，就在于此吗？』恰好金国派遣使臣来将要归还河南失地，岳飞说：『金人不能信，和好不可依赖，宰相谋划国家大事不妥当，恐怕会留给后世讥笑。』秦桧暗暗怀恨岳飞。

绍兴九年，因为收复河南，朝廷大赦。岳飞上表感谢朝廷，其中包含有不应该与金和议的意思，有『唾手可以收复燕云，复仇报答国家』等句子。朝廷授予岳飞开府仪同三司，岳飞极力推辞，说：『今天的国家大事，可以感到危急而不可以感到安全；可以忧虑而不能庆贺；可以训练士兵告诫整顿士大夫，谨慎戒备料想不到的事情，而不可以论功行赏，让敌人取笑。』高宗三次诏命他都不接受，高宗说好话奖励劝勉他，岳飞才接受。正好派遣赵士㒟朝谒先帝陵墓，岳飞请求派轻骑兵跟从使臣洒扫先帝陵墓，实际上是想观察金兵的虚实以计划征伐的谋略。又上奏说：『金人没事请求议和。这里必然有心腹之患，名义上是把土地归还我们，实际上是寄放在我们这里罢了。』秦桧告诉高宗制止岳飞的行动。

绍兴十年，金军进攻拱州、亳州，刘锜向朝廷告急，高宗命令岳飞迅速出兵援助，岳飞派张宪、姚政率军前往增援。高宗又在赐给岳飞的亲笔信中说：『与金军作战的计划安排，全部委托给你，我不进行遥控。』于是岳飞派遣王贵、牛皋、董先、杨再兴、孟邦杰、李宝等人，分别经营掠取西京、汝州、郑州、颍昌府、陈州、曹州、光州、蔡州等州府；又命令梁兴渡过黄河，联系招集忠义社，攻取河东、河北各个州县。又派兵去东面援助刘锜，去西面援助郭浩，自己率领大军长驱北伐以虎视中原。大军即将出发，岳飞秘密上奏说：『先立太子以安定全国的人心，然后请皇上不要经常居住在一地，以此来表示没有忘记复仇的决心。』高宗得到这道奏章，大大褒奖岳飞的忠心，任命岳飞为少保，河南府路、陕西、河东、河北路招讨使，不久改任河南、北诸路招讨使。没有多久，所派遣的各位将领先后传来捷报。大军驻扎在颍昌府，各位将领分路出兵作战，岳飞自己率领轻骑兵驻扎郾城，大军的气势锐不可当。

兀术极为害怕，和龙虎大王商议，认为其他宋军统帅容易对付，唯独岳飞不可阻挡，打算引诱岳飞大军到来，集中兵力一战。朝廷内外听说此事，十分恐惧，高宗下诏要岳飞慎重处理保全自己。岳飞说：『金人的伎俩已经用尽了。』于是天天出兵挑战，并且辱骂金军。兀术愤怒，集合龙虎大王、盖天大王和韩常的军队进逼郾城。岳飞派儿子岳云率领骑兵直穿金阵，警告他说：『不能取胜，我先斩你的头！』激战几十个回合，金兵尸体遍布原野。

当初，兀术有精锐部队，都穿着厚重的铠甲，以皮绳贯穿连接，三人为一组，号称『拐子马』，宋军不能抵挡。这次战役，兀术出动了一万五千名拐子马骑兵，岳飞命令步兵用麻札刀冲入敌阵，不要抬头看，但砍马脚。拐子马用皮绳互相联结，一匹马仆倒，另两匹马也不能行动，宋军奋力攻击，于是大败金军。兀术大哭道：『我自从海上起兵以来，都是用拐子马取胜，今天完了！』兀术增补了军队来，岳飞部将王刚带领五十名骑兵侦察敌情时，遭遇金军，王刚奋力斩杀了敌军将领。当时岳飞出来视察战地，望见黄色烟尘遮蔽天空，亲自率领四十名骑兵突入敌群冲杀，打败了金军。

正当郾城再传捷报时，岳飞对岳云说：『金兵屡次战败，必然回军进攻颍昌，你应当迅速去支援王贵。』不久兀术果然到了颍昌，王贵统辖游奕军，岳云统辖背嵬军与金兵大战于颍昌城西。岳云带领八百名骑兵冲到阵前与金兵决战，步兵在左右两翼展开紧随骑兵之后进攻，杀死兀术女婿夏金吾、副统军粘罕索孛堇，兀术逃走。

梁兴会合太行山忠义社和河东、河北的英雄豪杰等，屡次与金军作战都取得了胜利，极大地震动了中原地区。岳飞上奏说：『梁兴等人渡过黄河，那里的人愿意回归朝廷。金兵接连战败，兀术等人都命令老少百姓往北迁徙，这正是中兴大业的好时机。』岳飞大军进至朱仙镇，距离汴京只有四十五里，与兀术对峙结阵，岳飞派猛将率领五百名背嵬骑兵奋勇冲击，大破兀术军，兀术逃回汴京。岳飞征召陵台令巡行察看先帝陵墓，修葺整治皇陵。

以前，绍兴五年，岳飞派遣梁兴等人传布朝廷的恩意，招纳集结两河地区的豪杰，山寨中的韦铨、孙谋等人收缩兵力固守堡寨，等待宋朝军队到来，李通、胡清、李宝、李兴、张恩、孙琪等人率领部下归向宋军。金人的动静，山川的险要，一时都得到了确实的情报。磁、相、开德、泽、潞、晋、绛、汾、隰等州府的全部地区，都约定日期同时起兵，与宋军会合。他们所打的旗帜都以『岳』字为号，父老百姓争相拉着车牵着牛，装载着干粮来赠给义军，头顶烧着香的盆子来迎接的人，充满了道路。从燕京以南，金国的号令不能通行，兀术打算强迫壮男当兵来对抗岳飞，河北没有一个顺从他。兀术于是叹息说：『自从我朝从北方兴起以来，没有过像今天这样的挫败。』金兵元帅乌陵思谋一向号称凶悍狡猾，也不能制服他的部下，只能劝解自己的部下说：『不要轻举妄动，等岳家军来了就投降。』金军统制王镇、统领崔庆，将官李觊、崔虎、华旺等人都率领自己部众投降，以至于禁卫龙虎大王的属下忔查千户高勇之流，都秘密地接受了岳飞的旗帜和文告，从北方来归降。金朝将军韩常也打算带领五万军队归附宋朝。岳飞十分高兴，对部下说：『一直打到黄龙府，我和诸位一起开怀畅饮！』

正当没有几天就要兵渡黄河时，秦桧却想划出淮河以北地区放弃给金人，示意台谏官奏请皇帝命令北伐大军班师回朝，岳飞上奏说：『金军的士气沮丧，抛弃全部辎重，急忙渡黄河逃跑，两河豪杰响应归附，我军士兵拼死效力，这样的时机不会再来，这样的机会千万不能轻易丢失。』秦桧知道岳飞北伐的意志坚决不可以改变，于是先请求高宗让张俊、杨沂中等人率军回师，然后上奏说岳飞孤军深入不能久留，请求下令要岳飞班师。一天之内岳飞接到朝廷的十二块金字牌，愤慨惋惜地流下眼泪，朝着东方拜了两拜说：『十年的努力，废弃于一旦。』岳飞大军班师，百姓拦住他的马头大声痛哭，诉说道：『我们头顶香盆、运送粮草来欢迎官军，金人都知道。相公一走，我们就要被杀得不留一人了。』岳飞也悲痛流泪，拿着皇帝诏令给大家看并且说：『我不能擅自留下。』哭声震撼了原野，岳飞留了五天以等待百姓的迁徙，跟着他迁到南方去的百姓像市场上的人群一样多，岳飞立即奏请皇帝用汉水上游的六个州府的空闲土地安置这些百姓。

正当兀术放弃汴京北撤时，有一个书生扣住他的马缰绳说：『太子不要走，岳少保将要退兵了。』兀术说：『岳飞用五百名骑兵打败我十万大军，京城的百姓日夜盼望他来，怎么说可以守得住呢？』书生说：『自古以来没有权臣在朝廷内执政，而大将能在外立功的事，岳少保尚且不免遭祸，还想成功吗？』兀术醒悟，于是留在汴京。岳飞大军既已撤归，原来收复的州县，立刻又丧失了。岳飞极力请求解除自己的兵权，皇帝没答应，岳飞从庐山入朝觐见高宗，高宗问他，他拜谢而已。

绍兴十一年，间谍报告金兵分路渡过淮河，岳飞请求集合各位宋军统帅的部队打破敌人的攻势。兀术、韩常和龙虎大王的军队迅速到了庐州，皇帝催促岳飞接应增援，前后写了十七封信。岳飞算计金人集合全国兵力南来，巢穴必然空虚，如果长驱直捣汴京、洛阳，金军必然疲于奔命，可以坐待敌人困毙。当时岳飞正患风寒咳嗽，竭力支撑病体行动。又担心高宗皇帝急于打退敌军，于是上奏说：『我军如果直捣敌人的空虚地区，势必能得到胜利，假如以为敌人正在附近，没有时间去考虑远大的目标，我想请求陛下亲自到蕲州、黄州，以商议进攻退敌的谋略。』

高宗接到岳飞奏章十分高兴，赐给岳飞书信说：『你正患着风寒病，还是为我领兵行动，为国家忘记了自身，谁能够像你一样？』岳飞大军到庐州，金兵望风逃跑。岳飞还军舒州等待命令，皇帝又赐给岳飞书信，认为岳飞小心恭谨、不擅自进退是很得体的。兀术攻陷濠州，张俊军队驻扎在黄连镇，不敢前进；杨沂中中了埋伏而败退，皇帝命令岳飞救援他们。金兵听说岳飞到了，又逃走了。

这时宋金和议已经签订，秦桧害怕岳飞反对自己，于是秘密上奏高宗召三位大将来朝廷论功行赏。韩世忠、张俊已经到了，岳飞独自后到，秦桧又采用参政王次翁的计策，等待岳飞六七天时间。岳飞到临安后，被任命为枢密副使，位在参知政事之上，岳飞坚决请求交还兵权。五月，诏令岳飞和张俊一起前往楚州计划布置边防，聚合韩世忠部队还军驻镇江。

当初，岳飞在各位大将中年龄最小，从一个小校提拔起来，多次建立显著战功，韩世忠、张俊不服气，岳飞委屈自己居于他们之下，岳飞幕僚中年轻气盛的官员劝告岳飞不要过于谦卑退让。金人进攻淮西，这是张俊负责的防区，张俊开始不敢行军破敌，所以军队没有立功。岳飞接到命令立即行动，于是解了庐州之围，高宗皇帝授予岳飞两镇节度使，张俊更加觉得耻辱。平定杨么后，岳飞赠送给张俊、韩世忠每人一只楼船，船上武器装备齐全，韩世忠十分高兴，张俊反而忌恨岳飞。淮西之战，张俊用前方缺粮恐吓岳飞，岳飞没有因此而停止前进，高宗皇帝赐书信褒奖，其中说道：『转运粮饷艰难受阻，你也没有回头看一看。』张俊怀疑岳飞泄露了自己的话，回到朝廷，反而散布谣言说岳飞逗留不进，是以缺乏粮饷为理由的。去视察韩世忠军队时，张俊知道韩世忠与秦桧不合，想与岳飞一起瓜分韩世忠的背嵬军，岳飞顾全大义而不肯这样做，张俊极为不高兴。等到和岳飞一起去楚州城，张俊打算修缮城池作为防备，岳飞说：『应当尽力谋取收复失地，怎么可以做退守自保的打算？』张俊变了脸色。

恰好韩世忠的军吏景著对总领胡纺说：『两位枢密使如果瓜分韩世忠的军队，恐怕会发生事端。』胡纺上报了朝廷，秦桧逮捕景著关进大理寺，准备用这件事煽起谣言诬陷韩世忠。岳飞迅速写信给韩世忠，把秦桧的用意告诉他，韩世忠面见高宗皇帝讲明事情的经过。张俊因此极其憎恨岳飞，于是散布谣言说岳飞倡议放弃山阳，并且秘密把岳飞给韩世忠报信这件事告诉了秦桧，秦桧十分恼怒。

当初，秦桧赶走赵鼎，岳飞常常对幕僚叹息，又把收复中原作为自己的责任，不肯附和议和的主张。岳飞阅读秦桧的奏章，到『德行没有一定的师法标准，只要主张为善就可以师法』的话时，厌恶他对皇帝的欺骗蒙蔽，狠狠地说：『君臣这个大伦常，根源在于天性，大臣能忍心当面欺骗他的皇帝吗！』兀术给秦桧的信中说：『你每天都在请求议和，然而岳飞正在谋取进攻收复河北，必须杀掉岳飞，才可以议和。』秦桧也认为岳飞不死，终究要阻碍议和，自己也必然会受到他的危害，因此极力图谋杀死岳飞，因为谏议大夫万俟卨与岳飞有怨仇，就示意万俟卨弹劾岳飞，又示意御史中丞何铸、侍御史罗汝楫接连上章弹劾论说，大概意思是：『今年春天全军进攻淮西，岳飞进军到舒州、蕲州就不再前进，近来他和张俊驻兵在淮河边上，又想放弃山阳而不去防守。』岳飞几次上奏章请求罢免自己的枢密副使的职务，不久交还两镇节度使的官位，充任万寿观使、奉朝请。秦桧的阴谋还没有全部得逞，又指示张俊威逼王贵、利诱王俊诬告张宪策划把兵权还给岳飞。

秦桧派使者逮捕岳飞父子来证实张宪的事情，使者到时，岳飞笑着说：『皇天后土，可以证明我这颗心。』开始命令何铸审讯岳飞，岳飞撕开衣裳把背脊给何铸看，有『尽忠报国』四个大字，字迹深深地刺进了皮肤的纹理之中。不久查实没有证据，何铸说明岳飞无辜。改命万俟卨审理。万俟卨诬陷说：『岳飞写信给张宪，命令张宪谎报军情来震动朝廷，岳云写信给张宪，要张宪采取措施让岳飞回到军队中去。』并且说这些信已经烧毁。

岳飞被监禁两个月，没有一条可以证明他有罪的证据。有人教万俟卨用御史台奏章所指责的淮西一事来陷害岳飞，万俟卨高兴地告诉秦桧，查抄登记岳飞家产，取走当时高宗给岳飞的书信藏起来以消灭痕迹。又逼迫孙革等人证明岳飞接到高宗诏令后仍然逗留不前，命令大理评事元龟年将岳飞军队在淮西的行军日程颠倒排定，用来附会岳飞之狱。年底，这桩案子还是不能成立，秦桧亲手写了一张小字条交给监狱，监狱立即报告岳飞死亡了，这时岳飞三十九岁。

岳云在闹市被斩首示众。登记并没收岳飞的全部家产，全家被迁徙到岭南。岳飞的幕僚于鹏等六人也被牵连定罪。

当初，岳飞关在狱中，大理寺丞李若朴、何彦猷，大理卿薛仁辅都说岳飞无罪，万俟卨把他们全部弹劾赶走。宗正卿赵士㒟请求以全家老少百口的性命来担保岳飞，万俟卨也弹劾他，赵士㒟被放逐到建州而死。平民刘允升上书朝廷为岳飞辩冤，被关到大理寺死去。凡是附会凑成岳飞冤狱的人，都不同等级地升了官。

岳飞一案准备上报时，韩世忠愤愤不平，到秦桧处质问有无真凭实据，秦桧说：『岳飞的儿子岳云写信给张宪这件事虽然还不太清楚，但这件事或许有的。』韩世忠说：『「或许有」三个字，怎么能使天下人心服？』当时洪皓正在金国，派人迅速把一封藏在蜡丸中的信件上奏高宗，说金人畏惧而又佩服的人只有岳飞，甚至称呼岳飞为岳爷爷，金国的各个首领听说岳飞已死，互相举杯庆贺。

岳飞非常孝顺，母亲留在河北时，岳飞派人寻求探访，迎接母亲南归。岳飞的母亲长期生病，药物补品等事岳飞都必定亲手调理。母亲故世，岳飞三天滴水不入口。家中没有姬妾侍奉。吴玠一直佩服岳飞，愿意和岳飞结为好友，打扮了一名姿色出众的美女送给岳飞。岳飞说：『皇上天不亮就起身，很晚才吃饭，现在哪是大将享受安乐的时候？』推却不接受，吴玠更加尊敬佩服。岳飞年轻时很能喝酒，高宗告诫他说：『你将来打到河朔地区，就可以畅饮。』岳飞于是不再喝酒。高宗当初为岳飞营造府第，岳飞推辞说：『敌人没有消灭，怎么可以为家庭？』有人问岳飞天下什么时候太平，岳飞说：『文官不爱钱，武将不惜死，天下就太平了。』

军队每次驻扎休整，训练将士从斜坡上骑马疾驰而下跳跃壕沟，并且都穿着厚重的铠甲练习这些项目。儿子岳云曾经练习从斜坡上骑马疾驰而下，马被绊倒，岳飞生气而鞭打岳云。一名士兵拿了百姓的一缕麻去捆喂牲口的草，立即将他斩首以警告他人。士兵夜间宿营，老百姓打开屋门愿意让他们进屋休息，没有一名士兵敢住进民屋的。岳飞军队号称『冻死不拆屋，饿死不掳掠』。士兵有病，岳飞亲自为他调药；将领们远征，岳飞派自己的妻子询问并慰劳他们的家庭；战死的将士，岳飞伤心哭泣，而且养育他们的孤儿，或者让儿子娶阵亡将士的女儿为妻。凡是朝廷有封赏犒劳，平均分给部下军吏，不私拿一丝一毫。

岳飞善于以少打多。将要有军事行动时，就召集各位统制官一起计划讨论，谋略确定之后再作战，因此只有胜利没有失败。突然和敌军遭遇时也镇定自若，所以敌人评论岳飞军队说：『摇撼大山容易，摇撼岳家军困难。』张俊曾经询问岳飞用兵的方法，岳飞回答说：『仁义、智谋、诚信、勇敢、严格，缺一不可。』征调军粮时，必然皱着眉头发愁说：『东南地区百姓的力量，消耗困敝到极点了。』荆湖地区平定后，招募百姓营田耕种，又发起军事屯田，每年为国家节省一半的漕粮。高宗亲笔书写曹操、诸葛亮、羊祜的三项事迹赐给岳飞，岳飞在皇帝手书之后写了跋语，特地指出曹操是奸贼而鄙视他，这件事尤其为秦桧所恼恨。

张所死后，岳飞感激他的旧日恩义，抚养他的儿子张宗本，奏请皇帝给了他一个官职。李宝从楚州来归顺，韩世忠留下他，李宝痛哭流涕愿意归到岳飞名下，韩世忠写信来告诉这件事，岳飞复信说：『都是为国家，何必要分彼此？』韩世忠感叹佩服。襄阳战役时，高宗命令刘光世支援，六个州郡已经收复，刘光世军才刚刚来到，岳飞上奏皇帝犒赏刘光世的军队。喜好贤才，礼遇士人，阅览经书史籍，歌唱雅诗，投壶为乐，谦恭谨慎像个读书人。每次辞官，必然说：『全军将士出力，我有什么功劳？』然而性格忠诚愤慨激烈，议论坚持正道，不屈服于人，最终因此而得到灾祸。

秦桧死后，讨论恢复岳飞官职。万俟卨说金国刚愿意讲和，一旦任用以前的将领，会使天下人怀疑朝廷讲和的决心，不能这样做。到了高宗绍兴末年，金国日益猖獗，太学生程宏图上书朝廷为岳飞辩冤，皇帝下诏允许岳飞家属自行选择居住地。当初，秦桧讨厌岳州和岳飞同姓，把岳州改名为纯州，到这时候仍旧称为岳州。御史中丞汪澈巡视荆、襄地区，岳飞过去的老部下一起向汪澈申诉岳飞的冤屈，哭声如同震雷。孝宗下诏恢复岳飞官职，用礼仪改葬，赐给岳飞家属钱一百万贯，寻找岳飞的后代，都授予官职。有鄂州建庙，称忠烈庙。淳熙六年，封谥为武穆。嘉定四年，追封为鄂王。

岳飞有五个儿子：岳云、岳雷、岳霖、岳震、岳霆。